讃　美　の　力

—神の力を体験する道—

マーリン・キャロザース著

浜　崎　英　一　訳

POWER IN PRAISE

by

Merlin Carothers

Translated by Eiich Hamasaki

Logos International
Plainfield, New Jersey

目次

あらゆる幸せと全きへの最も確実で、最短の道は何かと聞かれたなら、誰でもすべての出来事を神に感謝し、讃美する習慣を身につけることであると答えるべきである。どんな不幸と思えることも、そのことで神に感謝し、讃美するなら、それは祝福へと変えられていく……。

ウィリアム・ロウ

―十九世紀の英国人牧師―

私は自分のハンディキャップを神に感謝している。そのことによって私は自分自身を、自分の仕事を見いだしたからである。

ヘレン・ケラー

神のみこころにゆだねる人はさいわいである。その人は決して不幸になり得ない。人からいろいろ言われても彼は動じない。「神を愛する人たち、ご計画に従って召された人たちにとって、すべての事が相働いて益となる」ことを知っているからである。

マルチン・ルター

あらゆる試みの中で神のみ手を見ることができるように、神からの恵みを叫び求めよ。また、直ちにみ手にゆだねることのできるように恵みを叫び求めよ。ゆだねることのみならず、それに黙って従うこと、それを喜ぶこと……そこまで来る時、おおむね問題は終わりにきていると私は思う。

チャールズ・H・スポルジョン

第一章　讃美の力

ジムの父は三十年もの間、アルコール中毒でした。その三十年間、ジムの母は神のいやしを祈り続けていました。ジムが成長してからは、彼とその若い妻もともにそのことで祈っていました。しかし目に見える成果はありませんでした。ジムの父は自分の飲酒が問題だという事を認めようとしませんでした。そして、もしだれかが彼に向かって宗教のことを口にしようものなら、怒って座を立ってしまうのでした。

ある日ジムは、集会で私の話を聞きました。それは、私たちが自分を苦しめている状況を変えてくださいと神に願うのでなく、私たちの身に起こるあらゆる事について神を讃美し始める時に、さまたげが除かれて神の力が働きはじめるということについての話でした。ジムはその集会の録音テープを家に持ち帰り、友人たちに何度もくり返し聞かせていました。そんなある日、ふと彼は、自分が父の今の状態を感謝して、神を讃美しようと努めたことはまだ一度もなかったということに気づきました。彼は熱心にその事を妻に話しました。

「お父さんのアルコール中毒のことを神さまに感謝しよう。いまの状態がお父さんの人生に対する神さまのすばらしいご計画のうちにあるのだから、神さまを讃美しようじゃないか」

それから二人はその日、あとの時間をずっとそのことで、すべてのことを一つ一つ神に感謝し讃美をし続けました。そして夕方になる頃には、わくわくするような喜びと期待の気持ちがわき上がってきました。その翌日、ジムの両親がいつものように日曜日の食事にやって来ました。これまでいつもは食後すぐに帰っていくはずのジムの父が、この時はコーヒーを飲みながら突然ある質問を切りだしてきたのです。「近ごろのイエス革命のことをどう思うかね。ゆうべニュースで見たんだが、ありゃ、ほんの一時の流行のようなものかね。それとも麻薬にやられていたあの若いもんに何かが起こってるってことかね」

この質問からキリスト教についての腹をわった話となり、とうとう老夫婦の帰りは夜おそくになってしまったのです。

それから数週間のうちに、ジムの父は自分の酒ぐせが問題だということをはっきり認めました。そして、イエス・キリストに助けを求め、完全にいやされてしまったのです。今では彼は家族と一緒になって、神をほめたたえ、讃美するとどんな事が起こるかを人に話してまわっているのです。

ジムは私に言いました。「まあ考えてみてください。三十年間も私たちは父を変えてくださるようにと神に祈っていました。ところがたった一日、私たちは現状をそのまま感謝し、そのことで神を讃美しただけで、このような事がおこったわけです」

「主をほめよ」とか「感謝します」とかいう言葉を多くの場合私たちはあまりに軽々しく口にすることで、その本当の意味を見失いがちです。

「讃美する」という言葉は、ウェブスターの辞書によれば、「賞揚する」、「激賞する」、「誉を帰する」、「喝采する」、「賛成を表明する」という意味です。ですから、讃美するとはある事について賛成を表明し、積極的に肯定することなのです。賛成を表明するということは、その事を受け入れること、あるいはそれに同意することを意味します。ですから、困難な問題や病気や災難のゆえに讃美するということは、文字通り、その病気や災難が起こったことを私たちの人生における神のご計画の一部として受け入れて、是認することを意味します。

ある事で主を讃美している時、その事を感謝していなければ、神を心から讃美するということはできません。また、私たちはどんな事でも感謝する時、その事について本当に喜んでいるのでなければ、その事を本当に感謝するということはできません。ですから、讃美するとは感謝と喜びの両方を含んでいるわけです。

私たちは神を讃美するのであって、何かの分からない運命を讃美するのではありません。それはまた、今起こっているその事に対して神が責任を取っておられるという事実を受け入れていることになるのです。そうでないなら、その事で神に感謝するということは意味をなさないでしょう。

「いつも喜んでいなさい。絶えず祈りなさい。すべての事について、感謝しなさい。これがキリスト・イエスにあって神があなたに望んでおられることです」（Ⅰテサロニケ五・一六―一八）

すべての事について神を讃美すべきであると、聖書に書いてあるというだけで、そのみ言葉を受け入れ、自分の境遇のことで神を讃美できる多くの人たちに私は会ってきました。そういう人たちは、神を讃美しているうちに、その結果として、一貫して変わらない感謝と喜びの姿勢というものを経験しています。さらにそれによって信仰が強められ、ますます感謝と喜びをもって神を讃美する生活を続けていくことができるのです。

ある人たちはこのような生き方をするのは難しいと考えます。

「どうもよく分かりません。神を讃美することは分かりますが、しかし今自分に起こっているいろいろな不幸な事全部に神が関係しておられるということは、私には信じられないことです」

「よく分からない」ということで、行きづまってしまう人たちがいます。分かる、分からないという知性が神との間を妨げるものとなるのです。しかし、神は私たちのそのような知性に対しても完全な計画を持っておられます。神の意図にしたがって、その知性を用いるなら、その妨げるものではなく、信仰のためのすばらしい助けとなります。

詩篇の記者は歌います。「神は全地の王である。たくみな歌と知性をもって讃美をうたえ」（詩篇四七・七〔詳訳聖書〕）

私たちは知性をねじ曲げて、歯をくいしばり、「自分は讃美が分からない。しかし、もし讃美がこの窮地を脱することのできる唯一の道であるのなら、無理にでも主を讃美しよう」と言うべきではありません。これは讃美ではなく、自分の思うように神をコントロールしようとすることです。私たちはみな神を自分の意のままにしようとした経験をもっています。神は私たちをあまりにも愛しておられることから、そのようなやり方を成功させられないわけです。この事を知ることはすばらしいことです。私たちは知性をもって神を讃美すべきであって、知性に反して讃美すべきではありません。

神がなぜ、またどうしてこんな事を自分の身に起こされたのか、そのわけを知ろうとすると、私たちは知性によって困難に陥ります。神がある事をなぜ、またどうしてなさるのかを私たちは決して理解できません。しかし、神の望んでおられることは、それをなしておられるのが神であることを私たちが知性をもって受け入れることなのです。この事が私たちの讃美の基盤となるのです。神は、ご自身が私たちを愛しておられること、また私たちに対してご計画を持っておられること、その事を私たちが理解することを望んでおられるのです。

「神を愛する人々、すなわち、神のご計画に従って召された人々のためには、神がすべての

ことを働かせて益としてくださることを、私たちは知っています」(ローマ八・二八)

あなたは今、困難な状況におかれていますか。なぜこんな事が自分に起こったのかとあなたは今まで悩んでこられたでしょうか。もしそうであれば、神はあなたを愛しておられ、その境遇があなたに益となるよう、それを許しておられるのです。この事を理解して受け入れてごらんなさい。そして、あなたの身に神が起こされるすべての事について神を讃美してください。意識的に、しかも知性をもって讃美してください。

ある夫妻が、あらゆる事について神を讃美しなさいという私の話を聞いて、しっくりしない気持ちで帰っていきました。彼らは、自分たちの娘が精神病院に入れられて回復の見込みなしと診断されたことで何ヶ月もの間ひどく苦しんでいたのです。

この両親は各地の祈りのグループに娘のためにとりなしの祈りを頼み、自らも毎日ひざまずいて娘のいやしのために祈っていました。しかし、娘の状態は依然として変わりなかったのです。

その子供のことで現状のあるがままを神に讃美しなさいという勧めを聞いて、彼らは最初、悩み困惑しました。母親が言いました。

「こんなにはっきりした悪い事を神さまに感謝するなんて、それは冒瀆じゃありませんか。感謝するといっても、それは娘をなぜこんな目にあわせたのかと、神さまを責めることと同じではないですか。それは〝愛の神〟という私の考えとは合いません」

父親もこれに同意して言いました。

「どうも感心しないね」

しかし、さらに続けました。

「だがね、もしあの先生が正しいとしたらどうだろう」

妻はどうしようもないという顔で夫を見ました。

「私にはとても分かりませんわ」

夫は考え込んだ表情で言いました。

「これ以上わるくなりようはないんだ。そうじゃないか。だったら、やってみようじゃないか」

二人はひざまずきました。夫が祈りはじめました。

「愛する神さま、あなたは私たちを愛しておられます。また、私たち以上に娘を愛しておられます。あなたはこの子の人生にとって最善と思われることをなそうとしておられます。その事を私たちは信じます。ですから私たちは娘の病気を感謝します。娘が入院していることを感謝します。医者にも治療法が分かっていないことを感謝します。あなたの知恵と私たちに対する愛のゆえに、神さま、あなたをほめたたえます……」

その日、祈れば祈るほど、神は本当に最善をなしておられるということを彼らはますます確信するようになりました。

その翌朝、病院の精神科医から電話がかかってきました。

「おじょうさんに著しく変化が現れています。面会においでになりませんか」

それから二週間とたたないうちに彼女は病院から退院しました。一年後、ある集会のあとでひとりの青年が私のところへやって来て、自分はあの子の兄だと自己紹介をしました。彼女はすでに結婚して、近々子供も生まれることになっており、今「世界中で一番幸福な人間です」と彼は私に話してくれました。

ひとりの母親がやって来て、ナイトクラブでゴーゴーダンサーをしている娘のために祈ってほしいということでした。私はこころよく引き受けて、「ご一緒に祈りましょう。そして、おじょうさんの現状を神さまに感謝しましょう」と言いました。彼女はこわい顔をして私を見ました。

「娘は世間の常識的なことをばかにし、宗教をあざ笑っています。そのことで私は神に感謝すべきでしょうか。娘の惨めな状態にお礼を言うなら、それは悪魔にであって愛の神さまにではないでしょう」

この母親は難しい選択に直面させられたのです。彼女はその時まで、よい事はすべて神に感謝し、悪い事はすべて悪魔を非難するよう習慣づけられていたのです。私たちは共に聖書を調べました。そして、神は神を愛して信頼する人たちのためにはすべての事を益とされるということ、そして状況がどれほど悪く見えようとも、それは無視して、あらゆる事において感謝することを神は求めておられるということ、そうしたみ言葉を聖書の中に見いだしました。

「あなたが娘さんの状態を悪魔のせいだと考えてばかりいて、神の全能の力を信じようとされないのなら、それは神が娘さんに対する完全な計画を成就させることを妨げることになるわけです。反対に、あなたは神の働きを信じ、あらゆる事を神に感謝し、それによって、神の力がおじょうさんの上に妨げなく働けるようにすることもできるのです」

とうとう母親はやってみることに同意しました。「どうしてそうでなければならないのか理解できませんが、神さまはご自分がなさっておられる事をご承知だと思います。主に信頼して、この事で神さまに感謝しようと思います」

私たちはともに祈りました。そして、母親はその悩んでいる問題のすべてについて新しい平安を与えられて帰っていきました。

「はじめてのことです。娘のことで少しも心配がなくなりました」と彼女はにこやかに言いました。

後日、母親はその後の事を話してくれました。その同じ日の夜のこと、その娘はナイトクラブの小さなステージの上でほとんど裸に近い姿で踊っていました。そこへひとりの青年が入ってきました。その青年は娘のそばまで行って、彼女をまっすぐに見て言いました。

「イエスさまは本当にあなたを愛しておられるよ！」

このゴーゴーダンサーは若い男たちからいろいろなことを言われることには慣れていたのですが、このようなことを聞いたことは一度もありませんでした。彼女はステージから降り、その青年とテーブルに座り、それから、たずねました。

「どうしてあんなこと言ったのですか」

彼は説明して言いました。「ちょうど僕はこの前の通りを歩いていたんです。その時、このナイトクラブに入ってゴーゴーを踊っている娘に『イエス・キリストが永遠のいのちという無償の贈り物をきみに与えようとしておられます』と告げるように神から導きを感じたのです」

彼女は驚きの表情で彼を見つめました。その目に涙があふれました。そして静かに言いました。

「その贈り物をいただきたいわ」

彼女はその場で、ナイトクラブのテーブルでその贈り物を受け取ったのです。

神を讃美するということは特効薬とか万能薬、またはうまくいくためのまじないの文句といったものではありません。それは神のみ言葉の中にしっかりと裏づけられた命のかよった方法なのです。私たちは、願っている結果のために神を讃美するのではなく、現在のあるがままを、神に讃美するのです。願っている結果をひそかに望みながら神を讃美している間は、ただ自分を欺いているにすぎません、また、そのことで私たちを変え、また私たちの状況を変える何事も起こらないことは確かです。

讃美は今の現状を、私たちに対する神の恵み深い、完ぺきなみこころの一部として、全面的に、しかも喜んで受け入れることにその基盤があります。讃美は、後にそうなると思っていることあるいはそう願っていることに基盤をおくのではありません。これが讃美する場合に守られるべき絶対的な「法則」です。私たちが神を讃美するのは、自分に起こるだろうと期待していることのためではないのです。そうではなく、今のままの神を受け入れ、今のままの自分の立場や状態のゆえに讃美するのです。

もちろん、私たちが正直に神を讃美する時に、結果として何かが起こるのは事実です。神の力がその状況の中に明らかに現わされてきます。そして遅かれ早かれ自分のうちの、あるいは周囲の変化に気づくことでしょう。その変化というのは、かつては惨めに思えたその状況のただ中で心からのよろこびと幸福を経験することであるかも知れません。あるいは、その状況が変わることであるかも知れません。ただこれは讃美の結果であって、讃美の動機となってはならないのです。

讃美は取り引きではありません。「主よ、私はあなたを讃美しますから、あなたは私を祝福してください」などとは言えません。神を讃美することは神を喜ぶことです。詩篇の記者は書きました。

「主をおのれの喜びとせよ。主はあなたの心の願いをかなえてくださる」（詩篇三七・四）

ここでことばの順序に注意してください。まず心の願いのリストをつくって、それからその願いがかなえられるために主を喜ぶのではありません。まず喜ぶのです。そしてひとたび心から神を喜ぶことを経験する時、他のすべてのことは第二のことになるのです。しかし、神は私たちの心の願いのすべてをかなえようとしておられることはまちがいありません。私たちに対する神の願い、ご計画は決してそれ以下ではありません。すべてのことで、まず主を喜ぶことを学ぶことができればどんなにすばらしいでしょう。

あるクリスチャン夫婦に二人の息子がありました。一人はこの夫婦の自慢であり、喜びでした。彼は家にいて両親と同じあたたかい、よろこびの信仰をもっていました。

ある日、私はこの家族と食事をしている時、上の息子が親にそむいて家出をしているという話を聞かされました。彼は大学を優秀な成績で卒業したのですが、両親と既成の社会に反抗して、今では人生に明白な目標を持たず、ヒッピーになって全国を流れ歩いていたわけです。その不幸な両親は私に助言を求めました。私は、神がこの夫婦にその息子さんを与えてくださったこと、またその子供の救いのために祈っておられる祈りに神は答えようとしておられることを信じます、ということを説明しました。

「もしあなたがたの祈りが真実であるなら、彼の現在の生活が、本人にとってもあなたがたにとっても、まさに一番よい状態であると神は見ておられるという確信が与えられるはずです」

父親が言いました。

「わかりました。私たちはただ息子にとっての最善を願っています。そしてこれが私たちみんなに対する神のなさり方であり、みこころであるに違いありません」

食卓のまわりに手をつないで私たちは神が最善と見ておられる方法で計画を実現しておられることを神に感謝しました。その後、両親は大きな解放感と新しい平安を得ました。

その後まもなく、その家族から手紙が来ました。

「あの時以来両親はたとえ理解に苦しんでも、息子の今日の生活ぶりを神に感謝し続けていた。ある日その息子がバイクの事故で片足にひどいけがをした。びっこになって彼はしばらく帰宅することにきめた。彼は全国各地に未払いの請求書を残してきたことを両親に告げた。両親はそれについて祈り、息子の生活のあらゆる事において神が本当に働いておられるのであれば、その請求書のこともお許しになったのだと確信した。それから、その請求書の一枚一枚を神に感謝して全部を支払った。息子は驚いた。彼はしかられて『自分の借金は自分で責任をとれ』と言われるだろうと思っていた。予想に反して、両親は強いことも言わず、あたたかい態度を示し、彼の服装や頭髪の風変りな姿をも恐れず受け入れていることを知った。

ある晩のこと、数人の若いクリスチャンの青年たちが弟の方を訪ねて来た。兄の方はそれを邪魔に思っていらいらしていたが、足が痛いので家を出られなかった。その青年たちは情熱にもえて、イエス・キリストが自分のうちにしてくださったこと、また現にしてくださっていることなどを語り合い、感謝し合っていた。はじめの間、兄の方はそれを、何だ、ねんねの甘っちょろい人生観さ、と言って痛烈に批判したが、まもなく引き込まれるように耳を傾けるようになり、やがて本気で質問を次々にしてきた。そしてその晩のうちにキリストを信じて受けいれた」

この兄の生活に徹底的な変化がすぐ起こったことが、その両親からの手紙に喜ばしげに書かれていました。彼はイエスに従いイエスに仕えるために献身した。熱心に聖書を学び、二、三日のうちに聖霊のバプテスマ――イエスに従った人たちがキリストの死と復活の後、最初の五旬節の時に受けたあの経験――を求めてそれを受けた。その数日後、彼はひとりのクリスチャンの女性に出会った。二週間後に彼らは婚約した。何ヶ月も心配し、気をもんで祈り続けても、この青年に変化は起こらなかったのです。両親が息子の現状を喜んで受け入れて神に向かった時にはじめて、彼らの全家族に対する神の完ぺきなご計画が達成される道が開かれたのです。

神はあなたの人生のために、そして私の人生のためにそれぞれ完ぺきなご計画をもっておられます。私たちは自分のまわりの状況をみて、自分はいつまでも、同じような苦しい立場におかれていると思うことがあります。神に向かって助けを祈り求めれば求めるほど事態はもっと悪くなるようにすら思えるのです。転機が訪れるのは、ただ私たちが現状を取り去ってくださいと神に祈り求めることをやめて、その現状のゆえに神を讃美し始める時なのです。

ある若い婦人が全く進退きわまる状態に追いつめられ、そのいきさつを手紙に書いてきました。一身上の困った事情のために彼女は全く自尊心を失い、自分の身なりすらかえりみなくなったのです。

「食べることが私の気晴らしでした。まもなく私はどんどんふとりだし、サーカスの化物みたいになりました。夫は他の女性たちに心を向けるようになり、ある日家を出て離婚を求めてきました。請求書はたまる一方で、神経はぎりぎりまで張りつめ、自殺を思う回数もだんだん多くなりました。

この間、私は絶えず祈りました。聖書も読みました。教会へは門が開く度に出席しました。そして知人の一人一人に私のために祈ってくださいとお願いしました。クリスチャンの友人たちは『信仰を持ち続けてください。負けてはいけません。明日は万事よくなるでしょう』と言い続けてくれました。しかし万事はわるくなる一方でした。その頃ある方が『獄中からの讃美』というあなたの本をくださいました。私はそれを読みました。はじめは、著者のあなたが言っておられることがまじめだとは思えませんでした。その当時の私のいろいろなことをすべてひとつひとつ感謝するようにと勧めることなど、正気では誰もできなかったでしょう。しかしその本を読むほど泣けてきました。あなたの言われることが本当であるということがだんだん分かり始めました。あらゆる事を神に感謝することについてのあの数々の聖句を私はみな聖書で何回となく読んでいたのですが、その本当の意味を理解していなかったのです」

彼女はその時あらゆる事を神に感謝してみようと決心しました。結局これ以上わるくなりようがないと考えたのです。あまりどんどんふとってきたので、いつなんどき心臓マヒを起こすかもわからない状態であることが、自分でも分かってきたのです。かすかな希望の光を認めて彼女は居間にひざまずいて祈りました。

「神さま、私の生活はこの通りでございます。このあるがままを感謝いたします。私の今の問題のすべてはここに私を導くためにあなたから与えられたものでした。私にとって最善の道であると判断されなければ、あなたはこれらのどの一つも起こるのを許さなかったことでしょう。神さま、あなたは本当に私を愛しておられます。神さま、私にはそれが本当に分かります」

ちょうどその時、犬が郵便配達人にむかって吠える声で祈りが中断されました。毎日この犬は人が来ると激しく吠えたてたので、その事も彼女の日々を耐えがたく、みじめなものにした多くの積もり積もった腹立たしい、ささいな出来事の一つでした。いつもの叱りとばす言葉で犬をだまらせようと立ち上がってドアの方へ歩きながら、彼女はふと「どんなことでも神に感謝すべきだった」ということを思い出しました。

「わかりましたわ、神さま。犬が吠えるのも感謝します」

郵便配達人は一通の手紙を届けてました。彼女はその封筒の上の見慣れた筆跡に目を丸くしました。「まさか」と思いました。夫からは数ヶ月間何の便りもなかったのです。神さまでもこんなに早く働かれることはあり得ないと思いました。彼女はふるえる手でその封筒を開いて読みました。

「もしまだきみにその気があるなら、二人で問題を解決する道があるのではないかと思う」

神のタイミングは完ぺきだったのです。喜びに満ちて今やこの若い婦人は、神が自分の人生に確かに益となるべく働いておられることを確信できたのです。体重もまるで熱いなべの上をすべるバターのようにどんどん減っていきました。友人たちも「お元気そうね。どうなさったの、みまちがえるわ」と言うようになりました。

みまちがえる？　たしかに。しかし同一人物です。別人ではありません。しかし、今や信仰という新しい次元に生きる人でした。神が自分の人生のあらゆる事において益となるように働いてくださるということを知った人でした。夫も帰ってきて二人はまた一緒になりました。

手紙にはこう書かれていました。「『ああ神さま、すばらしい朝を感謝します。あなたを愛します』と言いながら朝、目をさますことがよくあるようになりました」

彼女の人生の転機は、自分の現状を感謝をもって受け入れ始めた時にやって来たのです。これは霊的な原則の働きを実際に示している一例と言えます。

神は私たちの人生に完ぺきなご計画をもっておられます。しかし私たちの方が自分の現状をそのご計画の一部として喜んで受けいれるまでは、ご計画の次の段階へと私たちを動かすことができないのです。事態の変わることは神のなさることであって私たちの働きによるのではありません。

このことに賛成できない人たちもいます。その人たちは、すべてのことで神を讃美するようになった人たちに起こる変化を見て、その説明は簡単だと言うわけです。彼らは言います。

「その人の態度が変わったことが状況を変えるわけです。これは単純な心理的な問題です。不平を言うのをやめてほほえみ始めると、その人は気分も変わり、他人の接する態度もちがってきて、その人の全生活がよい方へと劇的に変わることはあり得るものです」

「ほほえみなさい。世の中もあなたと一緒にほほえむでしょう。泣きなさい。あなたはひとりで泣くことになるでしょう」これはある程度まで理にかなったよい助言であるということを私は認めます。しかし神を讃美することは私たち自身の態度を変えるということ以上のものなのです。私たちの讃美の言葉そのものには何の力もありません。私たちの感謝と喜びの態度そのものには何の力もありません。その状況に働く力はすべて神から来るのです。このことをたえず思い出す必要があります。というのは、ただ単に型どおりの祈りを唱えることによって状況を処理したり、変えたりする力があるのだと考えてしまいやすいからです。

私たちがある状況を、神がそれを起こされたものと信じて、心から受けいれ、それを神に感謝する時、超自然的な神の力がその状況の中に解放されて働き、自然な出来事の結果としては説明できないほどの大きな変化をそこにもたらすのです。

ジョージア州のフォート・ベニングで私が従軍牧師をしていたときのことですが、ある若い兵士が助けを求めて自分の妻を牧師室へ連れてきました。彼女はＬＳＤのおそろしい幻覚症状で苦しんでいたのです。医師たちも処方を指示することができないでいました。彼女の美しい顔には恐怖と苦痛による深いしわが刻まれていました。

彼女が言いました。

「眠れないのです。一分でも目を閉じると、恐ろしい動物たちがこちらに向かって突進してくるのが見えるのです」

夫が説明して言いました。「彼女は疲れきってやっと眠りについたと思える時でもすぐに叫びだす始末です。私は彼女をゆりおこすのですが、意識がはっきりするまでに十分間くらいかかることがあります。その間ずっと苦しい声で叫び続けているわけです。こちらも一緒に絶望に追い込まれてしまいそうです」

私はこの悲しい話を聞かされた後、言いました。

「私に一つだけ提案があります。どうぞ今私と一緒にひざまずいてください。そしてあなたがたの今のありのままを神様に感謝しましょう」

二人は、私が本気で言ったとは思えないという顔つきで私をみつめてました。そこで私は、すべての事を感謝することを神は願っておられ、その事を私が学んだいきさつについて注意深く説明しました。

「今まであなたがたに起こったあらゆる事の一つ一つがあなたをここまで導くのに役立ったのです。神さまはあなたがたを愛しておられ、何かすばらしいことをお二人のためになそうとしておられると私は信じます。今、神さまの願っておられることは、お二人を神に導かれることになったすべての事で神さまに感謝することなのです」私は聖書のページをめくって線を引いていた聖句を彼らに示しました。二人とも私の言ったことを受け入れてくれました。そして自分たちの人生のあらゆる事、特に麻薬の幻覚のことで神に感謝するためにひざまずきました。私はその部屋に神の臨在を感じることができました。

「聖霊が今あなたをいやしてくださっています。そのことを聖霊ははっきり示しておられます」と私は言いました。そして彼女の頭に手をおいて祈りました。

「主よ、今この人をいやしてくださることを感謝します」

彼女は目を開け、ひどく驚いた様子でした。「何かが私に起こりました。祈るために目を閉じた時、何も見えなかったのです」

「イエスさまがあなたをいやしてくださったのです。今、イエスさまはあなたを救う方としてあなたのうちに入られることを願っておられます。お迎えしますか」と私は言いました。彼女も夫も二人とも真剣な顔で答えました。

「はい」なおもひざまずいたままで二人はイエスさまが、自分のうちに来てくださるように祈り求めました。二人はよろこびをもって私の部屋を出ていきました。

彼女のいやしは一時的ではなかったのです。幻覚は二度と起こりませんでした。彼女の心を支配していた麻薬の力は神の力によって砕かれたのでした。

医学の権威者たちは、何年も麻薬のとりこにされた状態にある麻薬常習者たちを扱うことにおいて自分たちは無力であることを認めています。しかし近年、強い麻薬を十年、二十年、三十年も続けてきた重症の常習者が解放された実例をますます頻繁に耳にするようになりました。その人たちは自分のうちになされた神の超自然な力の働きによって解放されたのです。

このような変化は態度を改めるとか、自分の意志による決心や努力とかによっては起こり得ないのです。これは人の中に働く神の力によるものです。

心からの祈りであるなら、どんな形式の祈りでも神の力が私たちのうちに入り込むためにドアを開きます。しかし讃美の祈りは、どのような懇願の祈りよりも神の力を解放します。聖書はこの実例を数多く挙げています。

「けれどもあなたは聖であられ、イスラエルの讃美を住まいとしておられます」

と詩篇二十二篇三節に記されています。神を讃美する時、神の力と臨在を近くに感じるのは驚くに当たりません。神は実際に私たちの讃美の中にやどり、住み、臨在される方なのです。

神を讃美する時、神がいかに働かれるかという著しい実例が第二歴代誌の二十章にあります。

ヨシャパテはユダの王でした。ある日、彼の小さな王国がモアブ人、アンモン人、メウニ人の強大な軍隊に包囲されたことを知りました。ヨシャパテ王は弱小国ユダがそれ自身の力では勝つ見込みがないのを知り、神に向かって叫びました。

「私たちに立ち向かって来たこのおびただしい大軍に当たる力は、私たちにはありません。

私たちとしては、どうすればよいかわかりません。ただ、あなたに目を注ぐのみです」（Ⅱ歴代誌二〇・一二）

神を讃美するときの大切な一歩は、その不安な状況に目を向けるのではなく、神に目を向けることです。ヨシャパテ王は自分の国に対する脅威にただ目を閉じたり、また敵がそこにいないかのようにふるまってはいないことに注意してください。彼は注意深くその事態を把握し、自己の無力さを認め、助けを求めて神に向かったのです。

私たちは人生における悪の脅威という現実に対して盲目であってはなりません。悪の脅威とその現実を見るとき、そのことがそこに完全な支配と権威をもって働かれる神をますます感謝し、讃美することへと私たちを導くのです。しかしながら、周囲の悪の現実の外観に心をうばわれてはなりません。悪の現実を直視し、自分の力ではそれに対処できない無力さを認め、それから神に目を向けるのです。

神はヨシャパテ王に言われました。

「あなたがたはこのおびただしい大軍のゆえに恐れてはならない。気落ちしてはならない。この戦いはあなたの戦いではなく、神の戦いであるから」（Ⅱ歴代誌二〇・一五）

これは驚くべき宣言であると私は思います。私たちは自分の人生の状況を処理する力をもっていません。ですから明らかに戦いは私たちの戦いでなく、神の戦いなのです。

「この戦いではあなたがたが戦う必要はない。部署につき、しっかり立って動かずにいよ。あなたがたとともにいる主の救いを見よ」（Ⅱ歴代誌二〇・一七〈詳訳聖書〉）

何という約束でしょうか。さてヨシャパテが堅く立って、神が働かれるのを見る時、神は彼ヨシャパテがどのような部署を守るのを望んでおられたのでしょうか。その翌朝、ヨシャパテは軍隊に命令を出しました。

「彼は主に向かって歌う者たち、聖なる飾り物を着けて讃美する者たちを任命した。彼らが武装した者の前に出て行って、こう歌うためであった。『主に感謝せよ。その恵みはとこしえまで』」（Ⅱ歴代誌二〇・二一）

この光景が、ユダの人々を殺害しようと待ちかまえていた敵軍の居並ぶ面前にくりひろげられたのです。敵軍の指揮官たちが、その歌い手の小さな一団が自分たちに向かって戦場に出てくるのを見た時、どのように反応したかを想像できるでしょうか。

私はこれまで長年、軍のチャプレンをしてきましたので、兵士たちが戦いの備えをする時の様子を見てきました。しかし、歌い手の特別な一団が神を讃美しながら前方に出ていく間、居並ぶ敵の前に全部隊がじっと立っているようにという命令を出す指揮官を見たことはありません。

これはかなり無理な思いつきにきこえるのではないでしょうか。

私たちの知性が承認したいと思うのはまさにこのような状況においてなのです。「困難な場に直面して、主を讃美することは結構なことであり、よいことです。しかし、ばかげたことは止めましょう。神は自らを助ける者を助けられるのです。出ていって、可能な限りは戦うというできるだけのことはすべきです。そしてあとは神にまかせるのです」と私たちは言うかもしれません。

しかしヨシャパテと彼の部下に何が起こったでしょうか。

「彼らが喜びの声、讃美の声をあげ始めた時、主は伏兵を設けて、ユダに攻めて来た……人びとを襲わせたので、彼らは〔同士討ちで〕打ち負かされた」（Ⅱ歴代誌二〇・二二―二三〔詳訳聖書〕）

もしヨシャパテが変わったことはしない方がよいと決断して、部下に戦うよう命令したとすれば、その結果は非常に違っていたことでしょう。

その戦いが神の戦いであって、私たちの戦いではないということを受け入れようとしないために私たちの多くはたえず周囲の状況に負けてしまうのです。敵に対抗できない自分の無力さが分かっている時ですら、私たちは神の力に目を向け、ゆだねることを恐れています。このことが、自分の知性の占めるべき立場を誤らせてしまう点なのです。

「私は理解できない。だからあえて信じることをしない」と言うわけです。

このジレンマからぬけ出す唯一の道は、私たちが信仰の第一歩を踏み出すことであるということを神のみ言葉は明らかにしています。神の約束はまちがいないと信じることによって、その約束を受け入れ、あえてその約束を信頼することによって知性の理解への道が開かれるのです。この聖書の原則がここでは非常にはっきりしています。つまり、理解する前に受け入れるのです。

この理由は簡単です。私たち人間の知性は非常に限界があるため、神の創造のご計画やその目的の大きさをとうてい把握できないわけです。もし受け入れる前に理解しなければならないとすれば、私たちは決して受け入れることはできないでしょう。

もしヨシャパテがあの戦いに対する神のご計画を理解しなければと言い張ったとしたなら、彼は決してその計画に従うことはしなかったのでしょう。神の出された提案とその約束は疑いもなくヨシャパテの知性を動揺させ、それを超越していたことは疑いありません。しかしヨシャパテは聖書にあるように、神を信じ、信頼した人でした。その知性をもって、彼は神により頼み、信頼したのです。

ヨシュアもまた神からの命令を受け入れた同様な指導者でした。その命令も彼の知性を動揺させ、よろこんでは受け入れがたいような、そして見守る多くの人々にばからしく思えるようなことでした。

「エリコの城を囲み、ラッパもて攻めしみ民……」と私たちは讃美を歌います。エリコの町は堅固な要塞にかこまれていました。その時まで四十年間荒野の生活をしていたイスラエルの人々には、その町をとるための武器も力もありませんでした。しかし神がイスラエルの敵をその手に渡すと約束された時、ヨシュアは神を信じたのです。

神はヨシュアにエリコのまわりを一列になって六日間まわるように命じられました。七日目はラッパを吹きならして大声で叫ぶことになっていました。そして「町の城壁がくずれ落ちたなら、民はおのおのまっすぐ上って行かなければならない」（ヨシュア六・五）と神はヨシュアに命じられたのです。

ヨシュアは神に信頼しました。しかし、もし私たちが彼の部下の中にいたとしたら、あなたや私は何を考え、何を言っただろうかと思うのです。私たちなら彼の無謀な提案に不平を言い、それに従うのを拒んだのではないでしょうか。エリコの住民はその町の堅固な城壁の上に立って、イスラエルの人々が契約の箱をかついでそのまわりを行進するのを見た時、どう思っただろうかと私は考えるのです。

以前私は、ヨシュアの話やエリコの戦いのことは神話や誇張であり、作り話のまじったものであると考えていました。しかし近年、考古学者の手によって古代エリコの旧跡が発掘されたのです。そしてその町の城壁が聖書の記事と一致する歴史上のある時期に崩壊したことの十分な証拠を発見しました。エリコの城壁は実際に崩壊したのです。神の民がラッパと叫び声で神を讃美し、神への信頼と確信を示したとき、神の力が働いたのです。

私たち人間の知恵と戦略からすると全く愚かに見え、矛盾すると思える手段と方法によって神は私たちに勝利を与えられるということ、ヨシャパテとヨシュアの実例ははっきりと示しています。

神に信頼せよ、神を讃美せよ、そして神のみわざを見よ、と私たちは教えられているのです。このことはイエス・キリストがイスラエルの地で、その間働かれた姿と本質的に同じなのです。イエスは自分からは何事もなし得ないことをあからさまに認めておられました。イエスの側のすべきことは、全き服従と信頼と信仰をもって父なる神のみこころに従うことでした。その結果、神の力によって人々の必要が満たされたのです。

困難な問題に直面してイエスが祈られたときの二つの例を見てみましょう。

イエスの教えを聞くために彼について町から出てきた五千人の人々がいました。彼らは空腹でした。その時あったのは、ひとりの少年の弁当、つまり五つのパンと二匹の魚だけでした。この時、イエスはどのように祈られたでしょうか。奇蹟を行ってくださいと神に懇願されたでしょうか。

「イエスは五つのパンと二匹の魚を取り、天を仰ぎ、神をほめたたえて感謝をささげ、それからパンを裂き、人々に配るために渡された。彼は〔また〕二匹の魚も〔彼らの〕全部に分けられた。そしてみなの者が食べて満腹した。彼らが、〔さっきのパンの〕くずと魚〔の食べ残し〕を集めると、十二の〔小さな手〕かごにいっぱいになった」（マルコ六・四一―四三〔詳訳聖書〕）

ある人たちはここで異議をとなえて言うでしょう。

「でもそれはイエスさまの場合でしょう。イエスさまは神が成し得ることを知っておられました。私たちにはそうはいかないと思います」

しかしイエスは弟子たちに言われました。

「まことに、まことに、あなたがたに告げます。わたしを信じる者は、わたしの行うわざを行い、またそれよりもさらに大きなわざを行います。わたしが父のもとに行くからです。また、わたしは、あなたがたがわたしの名によって求めることは何でも、それをしましょう。父が子によって栄光をお受けになるためです」（ヨハネ一四・一二―一三）

イエスは私たちがもっと大きな事をなし得ると言われました。このことは、今日環境問題や食糧問題の専門家たちがすでに予告している世界的な作物のききんや食糧不足のことについて神が何かのご計画をもっておられるということを意味するのでしょうか。そうです。私はそうだと信じます。そのみ言葉通り神を信じ、限られた食糧を神に感謝し、そのことで神を讃美し、その結果、はじめに予定されていた人数よりもはるかに多くの人々に食糧の供給がいきわたったことを経験した、そういう人々の実例を私はいくつか知っています。イエスはラザロの死に直面された時もまた、単純な感謝の祈りをささげられました。石が取りのけられ、ラザロが四日間も葬られていた墓の入口が開かれた時、イエスは目を天に向けて言われました。

「父よ、わたしの願いを聞いてくださったことを感謝いたします」（ヨハネ一一・四一）

それからラザロに墓から出て来るように命じられました。すると四日間も死んでいたラザロが歩いて出て来たのです。

私たちが神を讃美することができるようになるためにイエスはこの世に来られた、と聖書は教えています。預言者イザヤは預言して、

「よきおとずれの福音を宣べ伝え、……心の傷ついた人を包み、いやし、〔肉体的にも霊的にも〕捕らわれた人に自由を宣言し、囚人に牢獄の開放を、盲人には開眼を宣言し、……悲しむ人に〔慰めと喜びを与え〕……悲しみの代りに喜びの油を与え、重荷を負うて弱りゆく霊にかえて讃美の……上衣を与えるために」イエスは来られると告げました。（イザヤ六一・一―三〔詳訳聖書〕）

このイザヤの言葉の中にあなた自身の状態に当てはまることがあるかもしれません。あなたの心は傷ついているでしょうか。あるいは肉体的な束縛や病気や霊的束縛によって縛られてい

るのでしょうか。肉体的な牢獄の中に捕らわれているのでしょうか。それともあなた自身の霊的な盲目によって捕らわれているのでしょうか。あなたは悲しんでいますか。喜ぶことができず感謝することができず、神を讃美することができない状態でしょうか。あなたの霊はひどく重荷を負うて弱っているのでしょうか。

それはおそらく、イエスのもたらした「よい知らせ」をあなたが十分に受け入れ、理解しておられないからです。

讃美とは、神が私たちのうちに、あるいはこの世界において、御子イエス・キリストと聖霊なる方を通して私たちのために成してくださったこと、また成してくださっていることを知り、それに積極的に応答することなのです。

もし私たちが、神の成してくださったこと、また成してくださっていることを疑うなら、心から神を讃美することはできません。神からの「よい知らせ」についての半信半疑の態度は常に讃美を妨げる障害となるでしょう。すべてのことで神を讃美できるようになりたいと願うなら、その土台がしっかりしており、疑いや不確かさという割れ目がないことを確認しておく必要があります。

第二章　よい知らせを聞きなさい

もし私があなたに十セントをただであげると言っても、あなたは多分おどりあがって喜ぶことはないでしょう。なぜ私がそんなことをするのかと思われるかも知れませんし、私の方が笑われるかもしれません。十セント銀貨をもう一枚出して私が「ただです」と言えば、あなたは首を振ってもっととまどいを覚えることでしょう。さらに私が銀貨を出し続けて二十枚にすれば、あなたの方では好奇心が起こってきます。しかし私が何をしようとしているのか、なお理解に苦しむでしょう。

もし私が十セント銀貨の代わりに、千ドル紙幣をあなたにあげるとします。きっとあなたはすぐに心を踊らせるでしょう。さらに私がその贈物を二万ドルにふやすなら、あなたは本当ですかという喜びの表情で私をみつめるでしょう。大声をあげて喜ぶかもしれません。多分あなたは自分がもらったそのすばらしい贈り物についてすぐさまだれかに話したいと思うでしょう。それは他の人々に分かつべきなんと大きな知らせでしょうか。あなたはいつでもそれについて人に話したいという気持ちになることでしょう。

「あのう……ボクのもらった二万ドルのこと話しましたね。ただでもらった二万ドルのことですよ」と。

神は私たちに多くの驚くべき贈り物をくださいました。それは求める人には無償の贈り物なのです。しかし、あなたはそれを十セントくらいの贈り物としか思っていないかもしれません。人は何十セントかをもらっても特別にエキサイトするということはありません。銀貨を一枚もらうことを思っても、別に胸がどきどきするということはありません。神の恵みを考える時、感謝と喜びに涙するということがないとすれば、何がまちがっているのでしょうか。まちがっているのは神の贈り物の方でしょうか。いいえ、それはあなたが十セントの世界に生きているからです。

教会に通っている多くの人々が、永遠のいのちという神の贈り物を十セントの贈り物くらいに思っているのです。彼らはその「無償の贈り物」を持ち続けるために善良な生活をする努力をしなければならないと思い込んでいます。善良な生活をしようと一生懸命努力することによって、絶えず緊張し、その結果、彼らはクリスチャンであろうとする努力が本当にそれだけのかいがあるのかと疑うようになるのです。

彼らが神からの「よい知らせ」を他の人々に知らせることにあまり熱心でないことは別に不思議でありません。彼らにとってそれは、日曜日に教会へ行き、やれば面白いだろうことを止めて、苦労して得たお金を献金袋に入れることを意味するにすぎないのです。

もしこれがあなたの「救い」であるなら、あなたの自由な夜の時間全部をテレビをみて過ごしてしまうわけも分かります。あなたが、私たちに対する神の驚くべき愛のことについて隣人にも、街頭の見知らぬ人にも決して語ろうとしないわけも分かります。あなたにとって、神の贈り物が十セント銀貨一枚と同じくらいのものにすぎないのであれば、もっともらいたいという気が起らないのも当然です。十セント銀貨の贈り物はあってもなくても大差がないのです。しかし、もしあなたが千ドルの贈り物をもらったとしたら、もっと欲しいという願いが起るでしょう。また、それがどこでもらえるかを他の人にも教えてやろうと思われることでしょう。私たちはみな千ドルの贈り物を求めています。アメリカ人はただで何物かを得ようとしながら毎年数十億ドルを費やしています。私たちは、本当に価値あるものを自分のために得たいという生まれつきの渇望をもっています。

今、私の言いたいことは、私たちへの神の無償の贈り物は数百万ドル以上に価するのだということです。神からその贈り物をもらえるのは、その態度、行動においてある最低基準を守る人だけというのではありません。神が私たちに与えようと望んでおられるすべての贈り物一つ一つに対してキリストがすべてにその代価を支払ってくださったのです。

「神は言われます、『人間がたてる救いの計画は、それがいかに賢くみえようとも、そのすべてを私はうちこわそう。そして人間がいだく最善の考えを、その最も賢明な考えすらをも私は

無視しよう』と」（Ⅰコリント一・一九〔リビング・バイブル〕）

罪のゆるしと永遠のいのちを無償の贈り物として受けるということは、私たちが身につけている日常の普通の考え方にはあてはまりません。私たちは自分の受けるに価するものだけを受け、当然支払うべきもののためにのみ喜んで支払うというように習慣づけられてきました。全くただの贈り物を与えようとされる神のご計画が、あまりにも信じがたいために、私たちはそれに何かをつけ加えようとするわけです。

「あれか、これか、何かをしたうえで、私は神の無償の贈り物をいただきます」と言うのです。

パウロは次のように書いています。

「あなたがたがキリスト・イエスによっていのちを得ているのは、ただ神によるのです。キリストは私たちを神に受けいれられるようにしてくださったお方です。キリストは私たちをきよめ聖なるものとし、私たちの救いを買いとるためにご自身をささげられたのです」（Ⅰコリント一・三〇〔リビング・バイブル〕）

このような驚くべき知らせを聞く時に、あなたがはっきりすべき問題は、永遠のいのちを得るために何をしなければならないかということではなく、キリストがあなたにそのいのちを与える権威と力を持っておられるのかどうかということです。もしあなたが、キリストはそのような力と権威を持っておられないと思われるのであれば、あなたは神に対して自らを義とするために何かをしなければならないわけです。自分は神の求める標準をみたしているという確信をもつために、一生涯努力し続けなければならないでしょう。しかし、どれほど熱心にあなたが努力しても、神の要求される善良さには達し得ないということを、神の言葉は宣言しています。自分の善良さを証明しようとするあなたの努力そのものが、神はうそつきだということを意味するのです。

パウロは次のように書いています。

「キリストを通して、神のすべての恵みが私たち、受けるに価しない罪人たちの上に浴びせるように注ぎ出されたのです。そして今や、神がすべての人々のためになされたこの偉大なることをいたる所、すべての人々に告げ知らせるために、キリストは全世界に私たちを送り出そうとしておられるのです」（ローマ一・五〔リビング・バイブル〕）

パウロは「千ドル紙幣」をもらったのでした。そしてエキサイトしていました。全世界に知らせようと決心していました。

「この『よき知らせ』の教えるところによれば、私たちが救われるためにキリストを信じ、信頼する時、神は私たちを天国に入るにふさわしいものとしてくださる、つまり神の目に正しいものとしてくださるのです」（ローマ一・一七〔リビング・バイブル〕）

パウロは神が私たちをふさわしいものにしてくださると言ったのです。神がしてくださるのなら、それが正しくなされることを私たちは期待できるのではないでしょうか。そこに改善の余地があるでしょうか。もしあなたが神によってふさわしいものとされているのであれば、あなたはこの世の終りに臨んで、喜んで神に顔を向けることができるのではないでしょうか。

私たちはどんなに頑張ってみても、自分で自分を善良なものにすることはできないのです。「誰も、善良なものであろうとして、神に受け入れられるものとなることはできません。なぜなら、神のいましめについて知れば知るほど、私たちはそのいましめに従わないものであることが明白になるからです」（ローマ三・二〇〔リビング・バイブル〕）

義しいことについて学べば学ぶほど、あなたは自分がいかに不義なるものであるかにますます気づいてくるでしょう。自分は人間としての善良さのある段階にまで達することができたと感じるのは心の高ぶった人たちだけです。キリストのみが唯一の、利己的なところのない、罪なき方であります。あなたのうちにあるキリストの臨在のみが、あなたをかつての最も罪深い状態よりもましなものにしてくださるのです。

「それでは救いを得るために、私たちは誇りとなる何ができるでしょうか。何もないのです。なぜでしょうか。それは、義と認められるのは、私たちの善行によるのではなく、キリストのなされたこととキリストを信じる私たちの信仰とに基づいているからです。ですから私たちはキリストを信じる信仰によって救われるのであって、私たちのなす善行によって救われるのではありません」（ローマ三・二七─二八〔リビング・バイブル〕）

この信仰の教理は決して新しいものではない事をパウロは強調しました。アブラハムはその善行のゆえに神に受け入れられたのではなく、彼の信仰のゆえに受け入れられたのであることをパウロは指摘しました。

アブラハムは善良な人間ではありませんでした。当時の道徳的基準に照らしてもです。彼は外国へ行った時、その国の人々から自分の持ち物や家畜、あるいは美しい妻さえ奪われることを恐れました。そこで彼は安全な旅行をするため、妻のサラを妹として紹介することにしました。そうすれば、サラに目をつける危険な求婚者たちも彼を殺そうとはしないで、むしろ好意を示すだろうと考えたのです。たしかにアブラハムが予想した通りになりました。その国の王がサラを見て自分の妻にしたいという願いをもちました。サラは宮殿へ連れていかれ、アブラハムは立派な贈り物を受けました。

さて、そこでアブラハムは何をしたでしょうか。妻サラを救い出すための計画をたてたでしょうか。そうではありません。彼はただ自分の幸運を喜びました。そこで、神ご自身が介入され、アブラハムがうそを言っていたことを王に示さねばならなかったのです。

あなたは今の自分の教会の会員としてこのアブラハムを受け入れようと思われるでしょう

か。この問題を注意深く考えてください。

神はアブラハムを受け入れてくださったのです。それは彼が道徳的な基準を守る生活をしていたためではないことは明白です。アブラハムが神を信じたゆえに、神はアブラハムを受け入れてくださったのです。アブラハムの信仰が彼の善良さに代わるものとして受け入れられたのです。アブラハムはあなたの目には善なる人間とは見えないかもしれません。が、神の目には善なる人間と見られたのです。彼が信じたがゆえにです。

あなたはアブラハムの善良さにくらべて、また他の人の善良さにくらべてあなた自身の善良さを重んじようとされるかもしれません。しかし、神の目には人間の罪深さは例外なくすべての人に及んでいます。善良さの程度が私たちの救いを、また神の国での私たちの有用さを決定することにはならないのです。アブラハムは善良であることによって天国へ行けたのではありません。

パウロは次のように書いています。

「なぜなら、救われるということは賜物なのです。もし人が善良であることによって救いを得ることができるとすれば、救いは無償とは言えないでしょう。しかし事実、救いは無代価なのです。そのために労し働かない人々に救いが与えられるのです。なぜなら、神は、もし罪人がキリストによって神の怒りから救われるということを信じるなら、その人は神の目に善良で

あると宣言されるからです」（ローマ四・四、五〈リビング・バイブル〉）

私たちは神の目に善なる者とみなされるのです。このことを本当に信じるなら、あなたはエキサイトしないでしょうか。クリスチャンとなることがいかに単純で容易であるかを人々に知らせたいと思わないでしょうか。このことをよく考えてみてください。あなたの周囲には、クリスチャンになるには善良な人間でなければならないと実際に思っている何百万もの人々がいるのです。しかも彼らは自分がどう頑張っても善なる人間になり得ないことを知りすぎるほど知っています。彼らの将来は何と絶望的でさびしく思えることでしょうか。「よき知らせ」を聞くことを彼らはどんなに必要としていることでしょうか。

神の贈り物は無償、無代価です。パウロは次のように書いています。「もし私たちが救われるのが神の恵みによるのであるなら、救いは私たちが善良であることによるのではありません。もし善良であることによって救われるとするなら、無代価の贈り物はもはや無代価とはならないでしょう。報いとして得られるのなら、それは無代価ではありません」（ローマ一一・六〈リビング・バイブル〉）

この「よき知らせ」はいたる所に宣べ伝えられるべきです。それなのに、大多数のクリスチャンはその福音について語るとなると、奇妙に舌が動かなくなり、黙してしまうありさまです。

あなたは知らない人にバス停や喫茶店などへの道順をたずねたことがありますか。そんな時びくびくしましたか。胸がどきどきして舌が乾いてはれたように感じましたか。もちろん、そんなことはなかったでしょう。では、知らない人に、イエス・キリストがその人のために何をしてくださったかを話そうとする時、どうしてそんな風に感じるのでしょう。

神は福音をすべての人に、ひとりひとりに分かつことを私たちに求めておられます。イエス・キリストは弟子たちに、全世界に出ていってキリストが私たちに何をしてくださったかを宣べ伝えるように命じられました。そうであるなら、あなたにそれを秘密にしておいてもらいたいと願っているのは誰でしょうか。

そうです。歩きまわっている敵がいます。その得意のあざむきは、神の無償の贈り物についてのすばらしい知らせを私たちが他の人々に伝えるのを恐れさせることなのです。しかし、もし私たちが、自分のためになされた神のみわざをはっきり確信しているならば、また神の無代価の「千ドル紙幣」をもらっているのであれば、そのよき知らせを語らずにはおれないでしょう。

ある人たちはなおもこのような心配をします。いったん私たちが罪を許されて永遠のいのちという無代価の贈り物を受けたならば、その後、神は私たちにどの程度まで善良であることを求められるのだろうかと心配するわけです。そのことについてパウロはローマの人々に書き送っています。

「さてそこで問題は、この祝福は、キリストを信じる信仰をもち、またユダヤ人の律法をも守っている人々にのみ与えられるのでしょうか。それとも、この祝福は、ユダヤ人の律法を守ることはしないが、ただキリストにだけ信頼する人々にも与えられるのかということです。ところがアブラハムはどうでしたか。彼は信仰によってこの祝福を受けたと言うことができるのです。それは信仰のみによってでしたか。それとも彼がユダヤ人の律法を守ったからでしたか」（ローマ四・九（リビング・バイブル））

パウロは驚くべき結論を出しています。アブラハムは律法を守りませんでした。まだ律法が与えられていなかったからです。

「そこでアブラハムとその子孫に全世界を与えようとの神の約束が与えられたのは、アブラハムが神の律法に服従したからではなく、神は約束を守られる方であると彼が神に信頼したからであることは明らかです」（ローマ四・一三（リビング・バイブル））

神は私たちにも永遠のいのちを約束されたのですが、それは私たちが善良であるなら与えようと約束されたのではなく、神を信じるなら与えようと約束されたのです。このような神のご計画はあまりよい問題の解決とは言えないとあなたは思うかもしれません。しかし、これが私たちの問題に対する神の解決方法なのです。

ユダヤ人は弁解ばかりして自分たちは罪人でないと言い張っていました。多くのクリスチャンは、ユダヤ人に向かって言われたイエスの応答を誤解しています。神の律法はユダヤ人たちが考えていたより、もっときよいものであるということをイエスは主張されたのです。たとえば、彼らは自分は姦淫《かんいん》の罪を犯していないと思っていました。しかし、もし女を見て心に情欲をおこすなら、それだけですでに姦淫を犯したのであるとイエスは説明されたのです。心をきよく保つためにはその目をえぐり出してもよいとイエスは教えられたのです。しかし、イエスは人間の心を知っておられました。人はたとい罪を犯したくないと思っても、その人の中にそれを望む別の部分があるのです。そしてそのために、私たち人間は常に心の中の戦いに直面させられているのです。

それではイエスはこのような私たちに何を言おうとされたのでしょうか。律法を守るためにさらに一層努力しなければならないということでしょうか。そうではありません。私たちがいかにイエスを必要としているかということを示そうとされたのです。イエスのほとんどすべてのたとえ話と教えは、私たちに救い主が必要であることをはっきりと分からせるために語られたのです。パウロは、キリストを信じる信仰が律法全体を守る唯一の方法であると言いきりました。

もしあなたがからだをうちたたき励んで、実際に神の律法のあるものを守るのに成功したとしても、あなたは何をなしとげたのでしょうか。何にもです。イエスはあらゆる律法の一つ一つを完全に守らなければ、すべての律法を破る罪を犯したことになると言われました。

キリストはあなたの勇気をくじこうとされたのではなく、あなたを励まそうとされたのです。あなたをこの問題から救い出すためにイエスは何かをされると言われたのです。

「キリストは彼に信頼する人々に、彼らが律法を守ることによって得ようとしているすべてのものを与えられるのです」（ローマ一〇・四〔リビング・バイブル〕）

キリストがあなたのうちに入られたとしても、あなたのからだはもとのままであり、それとともに汚れた欲望もまだ残っているでしょう。しかし大きな相違があります。

「人がクリスチャンになる時、その人は内側において全く新しい人になるのです。もはや以前と同じではありません」（Ⅱコリント五・一七〔リビング・バイブル〕）

あなたは自分では、たいして変わらないように思えるかもしれません。しかし決して同じではありません。

「あなたのからだは罪のゆえに死にます。しかし、あなたの霊は生きるのです。なぜなら、キリストが罪を許されたからです」（ローマ八・一〇〔リビング・バイブル〕）

あなたは内側において新しい霊的な存在になったのです。それは、キリストが聖霊によってあなたのうちに住んでおられるからです。あなたの古い肉体はいつの日にか死ぬでしょう。しかし、あなたは死にません。キリストとともに、永遠に生きるのです。

私は教会へ行っている多くの人々に、人は天国に入るために何をしなければならないと思うかとたずねるのです。この質問を、私はこの国の最も正統的な、聖書を信じている教会でしたことがあります。そしてくり返し同じ答えを聞かされました。九十九パーセントの人々が、しなければならないことについて語りました。いましめを守る、教会へ行く、献金をする、人に不親切にしてはいけないなど、彼らが行おうとしていることが次々と限りなく列挙されました。

教会に行っている人々は、救いは私たちの行いによって得られる、というまちがいを聞いて信じてきたのです。今日まで福音が遅々として広まらなかったのも不思議ではありません。教会へ来て「十セント」をもらい、そのことを世の人にも知らせるために出かけていこうとする人などいるでしょうか。

神があなたに差し出されたのが、ただの「十セント」の贈り物であるとまだ信じておられますか。神の祝福を受けるために、信仰プラス何かが必要だとまだ考えておられますか。

「そこでもし、神の祝福は善良な人々に与えられる、となおも主張するのであれば、あなたは、信仰を持っている人々への神の約束は無意味なものであり、信仰は愚かなことである、と言っていることになるのです」（ローマ四・一四〔リビング・バイブル〕）

パウロは書いています。
「しかし事実はこうです。すなわち、私たちが神の律法を守ることによって神の祝福と救いを得ようと努めても、結局私たちは常に神の怒りのもとにあるのです。なぜなら、私たちは常に神の律法を守ることで失敗するからです」（ローマ四・一五〈リビング・バイブル〉）
これは、私たちが善良であろうと努め、神の律法を守ろうと努めることに対して神の怒りを招いているという意味なのでしょうか。そうではありません。神がお怒りになるのは、私たちが神の律法を守ろうとするその理由が何であるかをご存じだからです。神の罰を恐れて律法を守ろうとするならば、私たちのその努力は無意味です。神の祝福にあずかるにふさわしい者となるために律法を守ろうとするならば、私たちのその努力は無駄です。とすれば、私たちが善行をなそうと努める理由などないのではないでしょうか。救いは無償、無代価なのですから、私たちはいくら邪悪な人間であってもよいのではありませんか。
むろん、このように考えるのはばかげています。私たちは善を行う必要があります。しかし、それはただ、神を愛し、神を喜ばせるためなのです。神からの驚くべき贈り物が何であるかを、十分理解する時、私たちは神を愛することによって神の愛にこたえたいという願いをもちます。もし、あなたが神の恵みを受けるために善を行おうとする、そうした考えに固執するなら、あなたは神を愛するようには決してなれないでしょう。「千ドル紙幣の贈り物」にエキサイトするようなことは決してないでしょう。
「今や神は天国へ行く別の道を私たちに示されました。善良であること、神の律法を守ろうと努めることによってではなく、新しい方法（聖書はそれについてずっと以前から語っていますから本当は新しくはないのですが）によって天国へ行く道を示されたのです。今や神は、私たちが、自分の罪を取り去るためにイエス・キリストを信頼するなら、私たちを受け入れ、罪なしと宣言しようと言われるのです。私たちが何者であれ、今までどのような人間であったにしても、皆この同じ方法で、キリストのもとに来ることによって救われるのです」（ローマ三・二一―二二〔リビング・バイブル〕）
条件は「もし私たちがイエス・キリストを信頼するならば」ということです。自分は善良であるとか、あるいはそれほど悪い人間ではないということで、自分自身に信頼をおくことはまさにその正反対です。
イエスが私たちのためになしてくださったことは何だったのでしょうか。
「神がイエス・キリストをつかわされたのは、私たちの罪のための刑罰をうけ、私たちに対する神の怒りを終わらせるためでした。神はご自身の怒りから私たちを救う手段としてキリストの血と私たちの信仰を用いられました」（ローマ三・二五〔リビング・バイブル〕）
この二つの点が大切なのです。片方だけでは意味をなさないでしょう。キリストはみわざをなしてくださいました。しかしそのことは、私たちが信じることによってそれに応答しなければ、何の役にも立たないのです。もし、私たちが何かをしようとする行為だけに捕らわれているなら、決して信じることの自由はないでしょう。

「キリストは私たちの罪のために死に、私たちを神に対して義しいものとし、私たちを神の善良さで満たすためによみがえられました」(ローマ四・二五〔リビング・バイブル〕)

「罪がすべての人を支配し、死に至らせました。しかし今や神の恵みが代わってすべての人を支配し、私たちを神の前に正しいものとします。その結果は私たちの主イエス・キリストによる永遠のいのちなのです」(ローマ五・二一〔リビング・バイブル〕)

私たちの選択は、神の恵みか神の正しい審判かのどちらを選ぶかというはっきりしたことなのです。私たちは永遠のいのちという無償、無代価の贈り物を差し出されています。それ以外には明らかに死しかないのです。

私がベトナムで従軍牧師をしていた頃のことですが、ある病院に配置された若くて、美しい従軍看護婦のことをおぼえています。彼女は着任した時、生き生きと活気にあふれていたのですが、まもなく晴れやかな笑顔は消え去りました。若い兵士たちが前線から重傷に苦しみながら帰ってくるのを見るに堪えなかったのです。彼女はしばしば私の牧師室へ来てその気持ちを話してくれました。ある時、こういう質問をしてきました。

「兵士たちがあんなに苦しんでいるのを黙認しておられる神さまが、彼らを愛しておられるとどうして言えるのですか」

　私は言いました。

「患者さんたちのためにあなたが心配し、苦労していることを神に明け渡し、神がその人たちを助けてくださることを信じて、ゆだねるのです。そうすればあなたはもっと耐えやすくなるでしょう。あなたや私が傷ついた兵士たちを愛することのできるよりもはるかにまして、神は彼らを愛しておられるのです」

　彼女は頭を振って言いました。

「先生、私にはできそうもありません。いつかはできるかもしれません。でも、今はできません。あの苦しみを見ていることはあまりにもつらいのです。それを神さまに感謝することなど、今はできません」

　彼女が牧師室を訪れる回数が次第に少なくなりました。以前は生き生きと輝やいていた目に今は活気のない表情を見て私は、彼女がその憂うつな気持と戦うために麻薬をやっていることに気づきました。もはや彼女は、自分の周囲の事に対応できる状態ではなさそうでした。彼女は転任させられ、その後の消息は分からなくなりました。

　ところがごく最近、中西部のある州の州立婦人感化院から一通の手紙が私に届きました。

「拝啓、ベトナムの病院で先生に最後にお目にかかって以来、私はまちがった方向に遠く離れてしまいました。その間、私は自分の正常な状態を失ってしまったように思います。ベトナムから帰った後、私は心の平安を見いだすことができず、放浪を始めました。

そもそも事の始まりは、ベトナムで多くの若者たちが無意味に死んでいき、不具者になっていくのを見たことにあります。私はその事の故に神を非難することによって神から離れ、自分を破滅させることになったということが今わかりました。今、私はどんな事にも、またどんな人にも何の興味も関心も持てないのです。ただ灰色で、無感動で空虚な日々を過ごしているにすぎません。

神ご自身が問題の答えであると思います。私は長年そのことに反発して来ました。しかし、今はもうわかります。少し前から先生にお手紙を書きたかったのですが、恥ずかしかったのです。あのベトナムの牧師室でお話しできたことが本当によかったと、今も思い出しています。あの時はこの答えを受け入れることはできませんでした。しかし、まだ遅すぎることはないと思います。どうぞ私のために祈ってください……」

この若い看護婦は、神が差し出された贈り物から顔をそむけたのです。そして今、彼女はその結果がこのようになったことを知ったのです。彼女がこの間に耐え忍んだ大変な苦しみのことを考えてみてください。

永遠のいのちというキリストの贈り物を受けるということは、だれにもできる簡単なことなのです。難しい点は何もありません。賢い人間でなくてもよいのです。また善良な人間でなくてはならないというのでもありません。小さな子供ですらできます。

パウロは書いています。

「キリストを信じることからくる救いは……すでに、私たちひとりひとりがたやすく手の届く範囲にあるのです。事実、それは、私たちの心と口と同じくらい私たちに近いのです。なぜなら、もし自分の口でイエス・キリストは私の主であると人に向って言い、自分の心で、神がキリストを死人の中からよみがえらせたことを信じるなら、あなたは救われるからです」（ローマ一〇・八―九〔リビング・バイブル〕）

では、なぜある人たちはためらうのでしょうか。何を恐れているのでしょうか。あの若い従軍看護婦は、兵士たちが戦場で殺されたり、不具にされたりしているのを黙認できた神に自分自身をまかせることを恐れたのです。彼女は神の愛を信用しなかったのです。

ヨハネは書いています。

「私たちは、自分を完全に愛してくれる方を恐れる必要はありません。私たちに対するその方の完全な愛が、その方に対するすべての恐れをとり除きます。完全に私たちを愛してくれる方が私たちになす事は何であってもそれを私たちは恐れません。もし恐れを覚えるなら、それはその方がなされる事に対する恐れのためです。そのことは、彼が真に私たちを愛していることについて確信のないことを示しています」（Ⅰヨハネ四・一八〔リビング・バイブル〕）

神は愛です。神のなされるあらゆることが愛の現われなのです。私たちの難点は、愛がどういうものであるかについて、狭い考えしかもっていないことにあります。人間の愛、すなわち善良であれば報いがあり、受け入れられるが、こちらが悪ければ罰し、拒絶されるといったそういう愛によって、私たちはみな感情を害され、失望させられた経験を持っています。しかし神の愛はそんな愛とは全くちがったものなのです。

新約聖書の原語であるギリシャ語には、私たちが単に「愛」と訳しているものに二つの言葉があります。一つは「フィリア」すなわち兄弟愛で、これは人間の本能的な、個人的な深い愛情を意味します。もう一つは「アガペー」すなわち神の愛です。これは夫と妻がお互いに対して持つべきであるとパウロが言う愛です。また「アガペー」は神の私たちに対する愛を表わす言葉として使われています。これは意図と思いやりをもった霊的な献身を意味する言葉です。単なる感じや感情からくるものではありません。これは意志からくる配慮ある愛の行為です。決して変わることのない、常に信頼できる愛です。なぜならその愛は、愛される側が愛されるに値するかどうかには関係ないからです。

これこそ私たちに対する神の愛なのです。私たちが神を拒絶する時にも、神にそむく時にも卑劣である時にも、神は私たちを愛されるのです。人生を台なしにしてしまったような時にも神は私たちを愛しておられるのです。常に私たちを受け入れ、また許し、ご自身の喜びと平安をもって私たちを満たそうとしておられるのです。

神の愛の無償、無代価の贈り物はキリスト・イエスにある永遠のいのちです。それは私たちの口と心と同じくらい私たちに近いのです。私たちはただ、イエスが私たちのためになしてくださったことを受け入れ、彼が今も生きておられることを心に信じ、そのことを人に告げるだけです。それは単純なことです。しかし、ある人たちは、その贈り物がどういうものであるかを知ったうえでも、なおためらっています。

宗教心のあつい敬虔なユダヤ人、ニコデモがある晩イエスのもとに来て、どうしたら神の国に入れるのかについてたずねました。ニコデモは、イエスが神からつかわされたかたであり、その答えを持っておられることを知っていたのです。

イエスは彼に答えられました。

「私が真実をこめてあなたに申し上げたいことはこのことです。人はもう一度生まれなければ、神の国に入ることは決してできません」

ニコデモは声高に言いました。

「もう一度生まれる！　どういうことですか。年老いた者が母の胎内にもどってもう一度生まれることができましょうか」

イエスは答えられました。

「私が心から言いたいことはこのことです。人は水と御霊によって生まれなければ、神の国に入ることはできません。人間は人間の命しか生み出すことはできません。しかし聖霊は天から新しい命を与えるのです」

ニコデモは、イエスがだれであるかを知っていましたが、それだけでは十分でなかったのです。知っていることに基づいて、イエス・キリストを自分のうちに迎え入れ、救い主として受け入れることが必要だったのです。キリストが私たちのうちに来られる時、私たちは聖霊によって霊的に新しく生まれます。私たちは自分の霊においてのみ、神と交わることができます。ですから、神を知る備えとして、もう一度新しく生まれなければなりません。私たちは新しく生まれなければ、霊的には死んだ状態にあるのです。

パウロは書いています。

「私はキリストとともに十字架につけられました。もはや私が生きているのではなく、キリストが私のうちに生きておられるのです。いま私が、この世に生きているのは、私を愛し、私のためにご自身をお捨てになった神の御子によっているのです」（ガラテヤ二・二〇）

パウロはコリントの人たちに言いました。

「自分自身を吟味しなさい。あなたがたは本当にクリスチャンだと言えますか。このテストに合格していますか。自分のうちにキリストの臨在と力とをいよいよ感じていますか。それとも、実際はそうではないのに、ただクリスチャンであるふりをしているだけなのですか」（Ⅱコリント一三・五〔リビング・バイブル〕）あなたは本当にクリスチャンですか。新しく生まれることを経験しましたか。今日、私たちの教会にはニコデモのような人が多いのです。彼らは毎日、聖書を学び祈ります。聖書研究会や祈禱会に出席し、日曜学校で教えています。ある人は説教者ですらあります。幼い時から教会に来ていた人たちであるかもしれません。そして自分を〝生まれながらの〟メソジスト、長老派、ルーテル、カトリック、ペンテコステ、バプテストなど、それが何であれ、たまたま自分の属している教派の名をもって自称するわけです。

彼らはキリスト教についていろいろ知っています。イエスが自分の罪のために死んでくださった神の子であることを知っています。また、今も生きておられることを知っています。ところが、彼らは自分を本当にイエスに明け渡し、イエスを主として、また救い主として心に迎え入れたことがないわけです。何千という人々が習慣的に礼拝に出席し、キリスト教の形式的なことはみな行っていながら、しかも自らのうちにキリストを体験したことがないままなのです。

救いと永遠のいのちという贈り物は全くの無償、無代価です。それを得るために、あるいはそれを受けるにふさわしい者となるために、しなければならないことは何もないのです。しかし、それを自分のものとするためには、私たちはそれを受け入れなければならないのです。神は愛のみ手をのばし、私たちの周囲の状況を深い配慮をもって動かし、それによって私たちが神ご自身を必要としていることを示されるのです。そして、私たちを神ご自身の方へ近づけられるのです。

ある時、クリスチャンの軍曹が小隊から一人の兵士を私の牧師室へつれてきました。その兵士は麻薬をやり、またその売買をしていたため不名誉な除隊と禁固刑に処せられることになっていたのです。彼は十代の頃からその常習者でした。軍隊に入ったため、それが一層ひどくなっていたのです。彼はベトナムに来ていたのですが、そこでは麻薬はチューインガムのようにたやすく手に入ったのです。

「おれは一生を台なしにしてしまった。もうとりかえしはできない」

と彼は言いました。その目つきは暗く絶望的でした。私はたずねました。

「神さまはどうだろうか。神さまはきみを変える力をおもちなのだ」その兵士は肩をすくめて答えました。

「そんなことはない。おれは神のためによろこばれるようなことは何一つしたことがないいんだ」

「神はきみを愛しておられたんだよ。神がイエスをこの世につかわされたのは、きみが今までにやってきたあらゆる事の罰を代わってうけるためだったのだ。神はきみをいやすこともできるんだよ」

その兵士はふさぎこんだ様子で言いました。

「おれはイエスについて聞いたことはあります。イエスに今の自分を救ってもらいたいという願いもなくはないが、今となってはもう手遅れですよ。どんなにがんばってみても、この麻薬はやめられないんです。おれはもうどうしようもない人間になりさがったんだ」

「神はきみをいやす力をもっておられるのだ。神の力の方が、麻薬の力よりも強いとは思わないか」

と私は確信をもって言いました。彼は半信半疑の様子でした。

「この神を経験してみようと思わないか」

と私は言いました。彼はうなずいて言いました。

「何でもやってみます。今のこの地獄からぬけ出したいんです」

「では、今ここで神に感謝しなさい。この数分のうちに神はきみに何かをなそうとしておられるのです。また、これまでのきみの人生に起こったすべてのことで神に感謝しなさい。そのすべてが、きみをここに導くことになったのです」

「ちょっと待ってください」

兵士は狼狽した様子でした。

「あなたは、『今までのおれの人生のすべてのことで神に感謝せよ』と言われるんですか。麻薬中毒のこともですか」

「きみを神に導くことになったのが、その麻薬中毒ではないか。もし神がきみをいやし、きみを許し、イエスにある全く新しい永遠のいのちを与えてくださるのなら、すべてのことで神に感謝できるのではないだろうか。そのすべてのことのおかげで、きみは神が必要であることが分かったわけだ」彼の目にはまだ疑いの暗いかげが残っていました。

「きみのために祈ってもよいですか」

と私がたずねると、彼はうなずきました。彼の頭に手をおいて私は祈りました。

「愛する天のお父さま、あなたはこの青年を愛して、あなたのもとに近づけてくださったことを感謝します。どうぞ今聖霊を送って下さい。そして、あなたがこの青年をキリストに導くために、その人生の暗く、孤独な時にいつもそこにおられて、働いてくださっていたことを、どうか彼に信じさせてください」

私が祈り終えた時、彼の目に光るものがありました。「ほんとうに不思議ですが、今わたしは信じます。これまで自分の身に起こったすべてのことを神が益としてくださっていることを、どういうわけか今ほんとうに信じます」

と彼は言いました。

その目はぬれていました。彼は再び頭をさげて、今度は自分で祈りました。これまでの自分を許し、イエスが自分の上に臨んでくださるように祈り求めました。次に起こったことは言葉では説明しがたいことです。私は彼の頭に再び手をおいて、神が彼をいやし、麻薬の中毒から心をすっかりきよめて、それに代わる神の愛で満たしてくださるように祈りました。私はある力がその若い兵士に流れるのを感じました。彼の顔は子供の顔のように輝き、涙が両ほほを流れて落ちました。

「ほんとうに起こりました！　もう麻薬なんかいりません。イエスがわたしの中におられます！」

と彼は叫びました。

この若い兵士にとって、これは新生の瞬間でした。彼は再び元のようになることはないでしょう。彼がここで新しく生れたのは、イエスの臨在を感じたからではなく、神に信頼することを決めたからでした。

もし、神との関係が私たちの感じに依存しているなら、そこには私たちの側の選択の余地はないでしょう。どのように感じるかについては自分で決めることはできません。しかし信頼し、信じ、信仰をもつことは私たちが自分で決めることのできることです。信仰によって救われると聖書は言います。しかし私たちの多くは、信仰について誤解しています。「私は信仰がない」とよく言われますが、その意味は「私は確信の感じがない」ということです。

信仰と感じとは別のものです。「さて信仰とは〔私たちが〕望んでいる事柄を確信すること〈その確認、証書〉であり、〔私たちが〕見ていないものの証拠〈それらが事実であることの確信〉なのです《信仰は感覚に示されないものを真の事実として認めるのです》」（ヘブル一一・一〔詳訳聖書〕）信仰は私たちの感情や感じや感覚に基づくものではありません。信仰は意志の問題です。感覚では分からないことを事実として認める決断をするのです。

信仰によって救われるとは、感情や感じではなく、意志のはたらきによってイエス・キリストを救い主として受け入れることを意味します。これは、私たちがキリストを心に受け入れた時、新生と救いが起こったのだという神の約束を信じることを意味するのです。救われたと感じられなくても、新しく生まれたと感じられなくても、それによって救いと新生の事実が変えられるということはないのです。

知性がいかに信仰の障害になりやすいかについてはすでに語りました。信仰を感じによって測ろうとすることも同じように危険なのです。私たちは長い間、事実と感じとを混同してきたため、感じられるものが自分であると考えています。「病気のような感じがする。だから、病気に違いない」と考えるのです。しかし、私たちの感じというものは変わりやすく、その日の天気によって、食物によって、睡眠によって、また上役の気分によって影響されます。感じというのは真実なものを判断するのにあまり頼りにならないのです。神との関係を判断するのに感じに頼るとすれば、問題が起こってきます。

イエスは言われました。

「かなえられたと信じて、信仰によって祈りなさい」もし自分の感じで結果を知ることに固執するなら、私たちは信仰の祈りをすることはできません。聖書の真理はしばしば感じとは正反対のことを教えているのに気がつきます。

「あなたの敵を愛しなさい」とイエスは言われました。私たちが自分の敵に対してどのような感じをもっているかを、主はご存じないのでしょうか。もちろん知っておられます。主が言っておられることは、私たちがもはや感じに支配される必要はないということです。私たちには敵をさえ愛そうとする自由があります。受け入れる自由もあるのです。イエス・キリストにある私たちの新しい命は信仰にある命です。それは私たちの感情、知性、感覚の横暴圧制から自由である命を意味します。もはや感情、知性、感覚に気をとられる必要はないのです。

私たちは信仰によって救われ、信仰によっていやされ、信仰によって義と認められ、信仰によって守られ、信仰によって歩み、信仰によって立ち、信仰によって生き、信仰によって神の約束を受け継ぎ、信仰によって富み、信仰によって祈り、信仰によって世に勝ち、信仰によって神を讃美することができるということを、聖書は教えています。

救いの体験は、私たちがそれを信仰によって受け入れた時、事実となります。神が見ておられるのは私たちの感じではなく、意志の決断です。疑いや恐れの気持で動揺させられたとしても、信仰に基づいてキリストを受け入れる限り、神は事がなされたと受けとってくださるのです。自らを、キリストにゆだねたすぐ後に、何かを感じても感じなくても、変わりはありません。神はあなたの意志による明け渡しを受け入れてくださり、聖霊によってあなたは新しく生まれたのです。

ある人が「今日、イエスさまが私に触れてくださったことが分かりました。それを感じたからです」と言う時、私は心配します。その同じ人が後でまたやってきて、「私は救われているのかどうか、確信がなくなりました。神の臨在を感じないのです」と言うことになるのです。

神の臨在の驚くべき経験をする時、神を讃美してください。けれども、信仰を感じに依存させてはいけません。感情的な体験によって自分の救いを判断しようとするクリスチャンはいつもの疑いによってなやまされるでしょう。

ある婦人が次のように書いてきました。

「私は数年前自分をイエス・キリストにゆだねました。しかし何も起こりませんでした。何も感じませんでした。時がたつにつれて希望を失い、イエスさまのために生きるという約束を守る努力も止めました。それ以来、私の生活は耐えられなくなりました。結婚生活もだめになってしまいそうなほど、私は意気消沈しています……『獄中からの讃美』を読んで、私は自分がキリストに対する深い飢えかわきをもっていることが分かりました。私は許しを祈り求めました。もう一度自分をキリストにゆだねたいと思います。私はイエス・キリストを自分の救い主として受け入れます。そしてキリストのみ国の一員となることを心から願っています。まだ何も変わった感じはありません……どうぞ私のためにお祈りください。今のこのような実感をあまり長くもち続けることはできないからです……」

また、次のような手紙が連邦刑務所にいる青年から来ました。

「私は心から（そう願っています）イエス・キリストを信じています。イエスを私の救い主として二年前に受け入れました。私は本当にそのつもりでした。二日間はすばらしいよろこびの実感がありました。それから、元にもどってしまいました。その時以来、同じ喜びを感じることが時たまあるのですが、それを持続させることができません。私は神に役立つ者でありたいのです。ところが、自分が神に出会ったと思えません。『獄中からの讃美』を読みました。あなたの言っておられるようなことが私にも必要だと思います。どのようにしてそれを見つけるのですか。私の求める気持がまだ十分ではないのでしょうか。どのようにしてその求める気持をもっと強く持つことができるのでしょうか。私は自分の一生をこんなに台なしにしてしまった男です。このままでは私の人生は無意味です。多くの聖書講座も受けてみました。しかし、どこまで成長したのか分かりません。キリストを見いだしたいと切に願っています。私はまもなく出所します。キリストの愛をもって世の中へ出ていきたいのです。キリストを見いだし、聖書の中で約束されている喜びを体験できるよう私のためにお祈りください……」

このような手紙を私は何百通も受け取っています。また、どこへ行っても、自分は本当にイエスと出会ったという確信がないと言う人々に会います。彼らの疑いの理由はいつも同じです。つまり、「何も感じない」ということです。

彼らは自分の感じのとりこになっていて、神のみ言葉以上に自分の感じを信じているのです。ひとたび、私たちがイエスに自らをゆだねたのであれば、彼は私たちについてこのように言われます。

「わたしは彼らに永遠のいのちを与えます。彼らは決して滅びることがなく、また、だれも

わたしの手から彼らを奪い去るようなことはありません」（ヨハネ一〇・二八）

どのようにして感じや疑いと戦うのでしょうか。パウロは書いています。「〔救いのための〕唯一の条件は、あなたがたがこの真理をかたく信じ、そこにしっかりと立ち、イエスが自分のために死んで下さったという『よき知らせ』を確信し、彼が自分を救って下さる方であるという信頼から決して離れることなく、主にあって強く立ち、動かされないということです。これはあなたがたに伝えられ、今や全世界に広まりつつあるすばらしい知らせです」（コロサイ一・二三〔リビング・バイブル〕）

疑いと感じとが信仰を攻撃してくる時、神はみ言葉に固く立つように命じておられます。

私の知っているある婦人は非常に実際的な方法でそれをやっています。疑いが起こる時、彼女はその事について真理を教えているみ言葉をさがします。そのみ言葉を紙にうつし、疑いが起こる度にそのみ言葉を自分に言って聞かせるのです。

失望のうちにおかれた時、彼女には次のような思いがよく起こりました。

「おまえがイエス・キリストを救い主として受け入れた時のあの祈りを、神は本当に聞かれたと思うのか」聖書の中に彼女は次のみ言葉をみつけました。

「何事でも神のみこころにかなう願いをするなら、神はその願いを聞いてくださるということ、これこそ神に対する私たちの確信です。私たちの願う事を神が聞いてくださると知れば、神に願ったその事は、すでにかなえられたと知るのです」（Iヨハネ五・一四―一五）彼女はそれを書き写しました。そしてその下に「一九六九年一月十四日に私は罪を告白し、自分のうちにイエス・キリストが救い主として、また主として入ってくださるようにお願いしました。この祈りは、私に対する神の計画とみこころに一致しています。ですから、このことは私のうちに本当に起こったのです」と書きました。彼女はその紙を寝室の鏡のそばにおきました。そして疑いが起こる時、その紙を指さして大きな声で言いました。

「そこに、ちゃんとあります。私は新しく生まれたのです。神さまは私を受け入れてくださったのです。それは私があの日、み子を救い主として受け入れたからです。二度とこのことについて疑いをもつ必要はないのです」

また、すでに彼女が神に告白していたあることについて再び罪意識を感じた時、自分は本当に許されているのだろうかという疑いの誘惑がやってきました。彼女は聖書を調べて書きとめました。

「もし、私たちが自分の罪を言い表わすなら、神は真実で正しい方ですから、その罪を赦し、すべての悪から私たちをきよめてくださいます」（Iヨハネ一・九）

そしてその下に告白した罪を書き、日付と「ハレルヤ、私は許されている」という文句を書き加えました。だんだん疑いの回数は少なくなり、やがてなくなりました。

日付を書いて祈りの記録をつけ、そこに神の約束を教えているみ言葉を書き加えることによって、私たちは疑いの思いや感じと戦うことができるのです。

クリスチャンとなって数年になるが、自分の救いについてまだ疑問をもつことのある人たちがいますが、もうこれからは疑いの思いや、感じによってだまされてはなりません。今、もう一度自らを神にゆだねてください。そしてそれを今日の日付で記録しておいてください。人によっては重要で霊的な、特別な出来事を自分の聖書に記録している人たちがいます。

クリスチャン生活は絶えまない信仰の旅路なのです。過ぎ去った道の記録をつけておくのはよいことです。少しも前進していないと感じる暗い日々に、その記録をつけておくのはよいことです。少しも前進していないと感じる暗い日々に、その記録が過去を思い出させてくれるのです。ふり返って、神が導いてくださったその歩みを思い出して、神を讃美し、神に感謝することができます。

私たちの信仰は神の事実の上に建てられているのであって、自分の感じの上に建てられているのではありません。しかし、同時に神の約束のみ言葉は、私たちが前進するにつれて、自分の中に神の喜びと平安をますます経験するということも教えています。そのような経験がおこる時、喜んでください。しかし、渇きとむなしさを感じる時にも喜んでください。そのような時でも、なお、あなたの救いは驚くべき事実なのです。あなたの意志の力を神の方向にきり替え、そしてこう言ってください。

「神さま、私は信じます。私はあなたのみ言葉に立ちます」

それを実行してください。そうすればあなたはだんだん感じに依存しなくなる自分に気づくでしょう。自由に信じることができるようになるでしょう。

イエスは約束されました。

「あなたがたは真理を知り、真理はあなたがたを自由にします」（ヨハネ八・三二）

神のみ言葉を真理として受け入れてください。そうすればあなたは自由になれます。

第三章　無限の力

私たちがキリストに信頼をおく時、実際に何が起こるのでしょうか。

「私たちがキリストのものとされているゆえに、神は天にあるすべての祝福をもって……私たちを祝福してくださったのです」（エペソ一・三〔リビング・バイブル〕）

私たちはキリストに属するものであるがゆえに神の子なのです。神の国に入ったのです。ですから、神の子のものとされているすべての力、特権、権利が私たちのものとなるのです。天の父が私たちのために備えられたすべてのものに目をとめてください。「天にあるすべての祝福」にです。私たちがそれにふさわしいとされるのは自分の力によるのではなく、キリストに属するものとなったからなのです。

赤ん坊は自分のからだを引き伸ばすことによって成長するのではありません。赤ん坊は毎日世話をしてもらうために善良であろうとする必要はないのです。両親から食べさせてもらい、服を着せてもらい、愛され、養育してもらえるのは、ただその子が両親の子供であるからです。両親は子供に必要なすべてを与えます。子供は食物を受け入れて、適当な休息と運動をする限り、自然に努力なしに成長していきます。

もし、子供が食べたり眠ったりするのを拒んで、「お母さん、私はまだその気になれません。私は今ここでからだを伸ばしているのです。自分の力で五センチほど伸ばせば、食べる気になるでしょう」と言うとすればどうでしょうか。

ところが、多くのクリスチャンがまさしくそのようにしているのです。神はすべてを備えてくださいました。私たちが成長するに必要なあらゆるもの、食物、休息を用意し、愛の配慮をしてくださいました。ところが、私たちの方はすみの方へ行って、備えられたものを受けるに価する人間になるために努力し、もがき、からだを伸ばしたりしているのです。

あなたや私が生まれるよりずっと以前に、神はこの祝福の備えをなすことを心に決めておられたのです。

「ずっと以前、神は世界を造られる前に、キリストが私たちのためになしてくださるみわざを通して、私たちをご自身のものとするために選ばれたのです。それから、神は私たちをご自身の目に聖《きよ》い者、一つの欠点もない者にしようと決意されました」(エペソ一・四〈リビング・バイブル〉)

ちょっと待ってください。神はだれを聖い者にしようとしておられるのですか。神が聖くされただれかをあなたはご存知ですか。もしご存知ないなら、あなたは神がご自分の計画通りになさっていないと思われるのですか。神はあなたを聖い者にすることをもう始められましたか。

続けて、み言葉を読んでください。

「……一つの欠点もない者に」

神がクリスチャンを一つの欠点もない者にしようと決めておられながら、あなたの知る限りのすべての人を見る時、神がこんなにも惨めに失敗しておられるということがあり得るのでしょうか。

しかし、み言葉をよく読んでください。

「ご自身の目に……」

神は私たちを「ご自身の目に」聖く、欠点なき者とされたのです。神は私たちのために大きな事をしてくださいました。神は「神の目に」私たちを変えてくださいました。神は私たちをちがった風に見てくださるのです。神のみが、新生した新しい人を見る力を持っておられます。だれが神の目を通して見ることができるでしょうか。神ご自身以外にだれもできません。神はご自身の栄光と讃美のために、新しい被造物を造られたのです。

人があなたを見る時、以前と同じ古いあなたを見るでしょう。彼らは神ではありません。あなたは鏡で自分を見て、聖く、欠点もない者であるとは決して思えないでしょう。しかしあなたも神でないことを忘れないでください。

神はご自身の思うように見ることができないような方でしょうか。あなたが心配されるのは、自分で自分を聖《きよ》い者として見ようとすることでしょうか。それとも神があなたを聖い者と見てくださることの方でしょうか。何千という、おそらく何百万もの多くのクリスチャンたちが人に、また自分自身に見られるために、無理に自分を聖い型にはめこもうとしています。それが失敗する時、それは必然的に失敗するのですが、落胆の苦悩に襲われるのです。どこに行っても、私はそのような悲しみの顔を見、失敗の告白を聞くことがあまりにも多いのです。ですから、彼らが話し出す前から、どういうことなのかが分かるほどです。

神はご自身の目から見て、私たちを聖いものとするというような感嘆すべきことをどのようにしてなすことができるのでしょうか。パウロは言います。

「神の愛におおわれて神の前に立つ私たち……」（エペソ一・四〔リビング・バイブル〕）愛の毛布です。神は愛の毛布で私たちをすっぽり包み、それから後ろにさがって見てくださるのです。神は何を見られるのでしょうか。ご自身の愛を見られるのです！

人はあなたを見ます。あなたも自分を見ます。神はご自身の愛を見られるのです。このことがあなたの心に喜びの鈴の音を響かせることにならないでしょうか。あなたの生活を感謝と讃美に変えることにならないでしょうか。なぜ神は私たちのためにこのような驚くべき事をされたのでしょうか。ほんとうになぜでしょうか。

「神はそう願われたから、そうされたのです」（エペソ一・五〔リビング・バイブル〕）パウロは事もなげにそのように言っています。神はご自身の愛の毛布で私たちを包みたいと願われたのです。神はご自分の願い通りに何でも私たちに与えることのできる権利と権威とを持っておられるのです。天にあるすべての祝福も、千ドルの贈り物も何でもです。

なぜ神はご自分でそれをなそうと決められたのでしょうか。それは、この方法が、みわざが全《まっと》うされる唯一の方法であると神が判断されたからです。もし、みわざが正しくなされるために、神があなたや私に頼らねばならなかったとしたら、神からみ子に贈るに値するものは何もなかったことでしょう。最終的な成果は神の栄光のためであって、人間のためではありません。

パウロは書いています。

「この事に関する神の目的は、これらの力あるみわざが私たちのためになされたことに対して、私たちが神をほめたたえ、神に栄光を帰するということでした」（エペソ一・一二〔リビング・バイブル〕）

キリストが私たちのためになしてくださることに全き信頼をおく、その結果はすばらしいものです。「キリストとともに、またキリストに信頼してみ前に出る者を神は喜んで迎えてくださるという確信をもって、私たちは今や恐れることなくみ前に進み出ることができるのです」

（エペソ三・一二〔リビング・バイブル〕）

あまりにも多くの場合、あわれっぽく泣き言を言うような、自分を葬るような、いつわりの謙そんの祈りが捧げられています。人間であることについて私たちは神に弁解する必要はありません。私たちがどのようなものであるかについては神はすべてをよく知っておられるのです。神は今までに何億もの人間を見てこられ、また私たちの弱さのすべてを知っておられます。今、神が私たちに願っておられることは、私たちが神に近づき、必要なものは何でも願い求める権利をキリストを通して与えられているということを信じることなのです。

神は私たちによいものを恵み与えようと願っておられます。神は私たちが幸福であることを願っておられます。このことがクリスチャンたちに理解されていない場合が多いのです。

私は貧しい家庭に育ちました。ですから、私の家庭は善意の贈り物をいただくことがよくありました。人から何かものをもらう時、あるいは私のために何かをしてもらう時、私はその人に本当にそうしたいという気持があることを確信できない限り、腹立たしい思いをすることが多かったのです。私はそのようにして育ちました。私は自分の手に入れるすべてのものが、何かの働きの報いであることを願い、あるいは自分がそれを受けとるに価する人間であることをはっきりさせたかったのです。

このことは神と私の関係の中にも持ち込まれました。神が私に、今必要なもの以外の何かを与えようとしておられるということを信じることができませんでした。やはり、神はそのようなことをなさるはずはない、と私は理由づけをしました。私のことを思ってくださる神の無限の愛と深い配慮について、私の見る目が狭かったのです。

フォート・ベニングに軍付属牧師《チャプレン》として配属されていた頃のことです。ある日、私は遠くの他の州に出かけていたのですが、帰る頃になって次の約束の時間に間に合うように帰れないことに気づいたのです。私が乗ることになっていた飛行機は悪天候のため欠航になり、その次の便では約束の時間に間に合わない状態でした。車で帰ることは問題になりませんでした。飛行機が飛ばないので本当に困ってしまいました。チャプレンになってからその時まで、基地での平常の任務を妨げるような講演の約束をしたことはありませんでした。その時の私は、あたかも任務怠慢ということになるはめにあったのです。私は祈りました。

「主よ、あなたは、今まで私がおくれたことをご存じです。今、このことを全部み手にゆだねます。あなたは、私のために完全なご計画を持っておられることを信じます。あなたは私の必要を満たして下さる方です。そのことを感謝します」

その日話を頼まれていた集会で空軍のあるパイロットに会いました。彼は近くの基地に配属されていたのですが、私の心配を知って、こう言いました。

「私の司令官に電話して何とかできないか聞いてみましょう」彼の司令官はその依頼にこた

えてくれました。

「よろしい。私自身いくらか飛行時間をとる必要があるので、よろこんでチャプレンをフォート・ベニングまでお乗せしよう。明朝六時に基地へお連れしてくれ」

その夜、私はパイロット宅にお世話になり、翌朝六時に二人は空港へ向かいました。私はさわやかな平安を感じました。神が必要にこたえてくださったことをよろこびました。しかし、いかに豊かにこたえてくださったかはまだ分かってはいませんでした。

私は予想していた飛行機をさがして見渡しました。エンジンが四つある大型の飛行機が並んでいました。しかしただ飛行時間をとるためだけの飛行に飛び立とうとしているような機は見当たりませんでした。小型で、あまり乗り心地のよくない飛行機で、時間に間に合うように私を乗せて帰ってくれるだけで十分な小型の飛行機を私は予想していたのです。それ以上のものは必要でないと考えていました。

パイロットは立ち止まって言いました。

「これです。先生、お乗りください」

私は見上げました。目の前にあったのは、滑走路で一番大きな飛行機だったのです。それは一ブロックほどあるように見えました。

主よ、これが私に用意されたものとは思えません、と心の中で言いました。私はなかばボーッとした状態でステップを上り、乗務員の後について、広いラウンジの中の心地よい席に案内されました。乗客は私ひとりでした。飛行機にはあらゆる文明の利器がとりつけられていました。貨物の輸送機ではありませんでした。

司令官が来て自己紹介をし、この飛行をゆっくり楽しんでくださいと言ってくれました。私はお礼を言うにも口の中でもぐもぐするだけでした。感極まっていたのです。神は私がフォート・ベニングへ遅れずに帰れるように飛行機を備えてくださいました。しかし、どうしてこんな大型のぜいたくな飛行機を備えられたのでしょうか。なぜ神は、私の目的に合うだけの小型機を用意されなかったのでしょうか。

私は身分不相応の感を強くもちました。こんな大型の飛行機は浪費ではないかという考えがサッと頭をかすめました。

「主よ、これは一体どういう意味でしょうか」と私は当惑して、尋ねました。

「私があなたを愛しているというそれだけのことだ。私は、私に信頼するすべての子らにこのようにしたいのだということをあなたに知ってもらいたい」と簡潔な答がかえってきました。

「主よ、少しずつ分かってきました」このことを考えていると、喜びがうちにわき上がってきました。

「私はあなたがどんな人でも、耳を傾けてくれる人に、人生に起こるすべてのことで感謝するように教えてもらいたい。そうすれば、私は天の窓を開いて、彼らが求め、あるいは望む以上の恵みを注ぐでしょう」

「主よ、ありがとうございます」

私は座席にすわって感謝に満たされていました。心の中にみ声が続きました。

「このことを忘れてはいけません。あなたは私の恵みを受けるに価するだけの人間となることはできないのです。何かをし、何かの報酬として恵みを受けることはできないのです。私があなたに与えるものはすべて無代価の贈り物でなければなりません。それは私の善意によるものです。あなたはこのことを理解し、受け入れることを学ばねばなりません」ふつう民間機を利用する時はいつも、私は軍の牧師室から十マイルはなれた飛行場に着陸していました。ところが、この巨大なエンジン四つの飛行機はフォート・ベニングに着陸しました。それも約束してあった場所から二、三百ヤード以内の所だったのです。建物の中に入って時計を見ました。正確に時間通りの到着でした。一分も早すぎず、また遅すぎなかったのです。

神は私たちの必要を備えてくださいます。しかも豊かに、そして無償で備えられるのです。私たちのなすべきことはただ求めることだけです。新しく神の子となった人たちが求める最初の無代価の贈り物は聖霊のバプテスマです。そのことを神が望んでおられるのです。

その通りです。聖霊のバプテスマは新しく生まれた信仰者を養うための最初のものとして備えられているものです。成長するためにそれが必要なのです。

イエス・キリストを自分の救い主として受け入れた時、聖霊はその信じた人のうちに宿られます。その人は御霊によって生まれたのです。ところが、イエスは弟子たちに、キリストの証人となってその「よき知らせ」福音を力と権威をもって広めることができるようになるためには、聖霊によってバプテスマを授けられるまで待たなければならないとも教えられました。

弟子たちは、イエスが命じられた通り、エルサレムで待ちました。そしてペンテコステ（五旬節）の日に「突然、天から、激しい風が吹いて来るような響きが起こり、彼らのいた家全体に響き渡った。また、炎のような分かれた舌が現われて、ひとりひとりの上にとどまった。すると、みなが聖霊に満たされ、御霊が話させてくださるとおりに、他国のことばで話しだした」（使徒行伝二・二―四）

これがキリスト教会の始まりでした。キリストの臆病な弟子たちが、今や恐れを知らぬ大胆な証人《あかしびと》へと変えられたのです。彼らは直ちに力と権威をもって福音を宣べ伝え始めました。そしてキリストを通してなされたのと同じ奇跡が彼らを通してなされたのです。

イエスは言われました。

「まことに、まことに、あなたがたに告げます。わたしを信じる者は、わたしの行うわざを

行い、またそれよりもさらに大きなわざを行います。わたしが父のもとに行くからです」（ヨハネ一四・一二）

新しく信じる者たちが何千人も次々と教会に加えられました。使徒行伝を読みますと、聖霊のバプテスマは回心のすぐ後に続くことがふつうであったようです。ペテロがカイザリヤ・ピリポでコルネリオの家の人たちに話した時、聖霊が彼らの上にくだりました。それは彼らがイエスのなしてくださったことを受けたすぐ後のことでした。（使徒行伝一〇・四四）

福音がサマリヤに宣べ伝えられた時、多くのサマリヤの人たちがイエスを自分の救い主として受け入れ、水のバプテスマを受けました。それからペテロとヨハネがエルサレムから派遣されました。

「そして彼らは到着するとすぐ、これらの新しくクリスチャンとなった人たちが聖霊を受けるようにと祈り始めました」（使徒行伝八・一五〔リビング・バイブル〕）

ペテロとヨハネはその新しいクリスチャンたちに、しばらく待つようにとか、聖書を学んで祈り、心の用意をするようになどと教えませんでした。エルサレムから来た使徒たちはこの新しい信仰者たちに聖霊がまだくだっていないのを心配したのです。そしてすぐに「ペテロとヨハネはこれらの信仰者たちの上に手をおきました。そして彼らは聖霊を受けました」（使徒行伝八・一七〔リビング・バイブル〕）

聖霊のバプテスマは、イエス・キリストを信じるすべての人に約束されていたのです。イエスは言われました。

「『だれでも渇いているなら、わたしのもとに来て飲みなさい。わたしを信じる者は、聖書が言っているとおりに、その人の心の奥底から、生ける水の川が流れ出るようになる』これは、イエスを信じる者が後になってから受ける御霊のことを言われたのである」（ヨハネ七・三七）

聖霊のバプテスマは無代価の賜物です。それを何かの行いの報酬として得ることは不可能です。私たちの救いを備えられたイエスは聖霊をも備えられたのです。彼は言われました。

「わたしは父にお願いします。そうすれば、父はもうひとりの助け主をあなたがたにお与えになります。その助け主がいつまでもあなたがたと、ともにおられるためにです。その方は真理の御霊です」（ヨハネ一四・一六―一七）

聖霊をつかわされるのはイエスご自身です。彼が私たちに聖霊のバプテスマを授けられるのです。

バプテスマのヨハネがヨルダン川で人々にバプテスマを授けていた時、神は彼に言われました。

「聖霊がある方の上にくだって、その上にとどまられるのをあなたが見るなら、その方こそ、あなたがたが待ち望んでいる方です。その方は聖霊によってバプテスマを授けるかたです」（ヨハネ一・三三〈リビング・バイブル〉）

それではなぜ多くのクリスチャンが聖霊のバプテスマを受けるために必死になっているのでしょうか。私はこれまで、いたる所で悲しげな、よろこびのない顔をした人々を見てきました。彼らは言うのです。

「私のどこが悪いのでしょうか。だめな人間だからでしょうか。弱い人間だからでしょうか。私は神の力がどうしても必要なのです」

ある日曜学校教師をしている人が手紙をくれました。

「私は自分のうちに聖霊の力を必要としています。私はもっと従順になるように、またキリストにならう者となるよう一心に努めています。多分聖書の読み方が足りないのだと思いました。それで一時間聖書を読み半時間祈るために、朝少し早く起きるようにしてみました。しかしそれでもなお、自分の中に何の力も見いだせず、聖霊のバプテスマを受けることもまだできないでいます。思い出す限り自分のあらゆる罪を告白しました。私は二十年間クリスチャンです。しかし、クリスチャンと言えるだけのものがあまりにない自分を見る時に、一体自分は救われているのだろうかと不安に思うことがよくあります……」

このような人たちの姿はちょうど、自分のために用意されているすばらしい食物が食べられるようになるためにと、部屋の片すみで体を伸ばし成長しようとしている幼児に似ています。彼らは非常な飢えの苦痛を感じているのです。ところが、成長してその苦痛がなくなるまでは食べようとしないのです。

初代教会のクリスチャンたちも同じ問題をもっていました。自分たちの努力によって、神の無代価の賜物を受けるにふさわしい善良な人間にならなければならないと考えていました。

パウロは書いています。

「ああ、愚かなガラテヤ人よ、どんな魔術師があなた方を悪の魔法にかけたのですか……。一つ質問をさせてください。『あなた方が聖霊を受けたのはユダヤ人の律法を守ろうと努力したことによってですか』むろん、そうではありません。なぜなら、あなた方がキリストについて聞かされ、自分を救ってくださる方として彼を信頼した後で、はじめて聖霊はあなた方に臨んだからです。ではあなた方は気が狂ってしまったのですか。というのは、最初、霊的な生命を与えられたのは、ユダヤ人の律法に従おうとする努力によってではなかったのだとするなら、なぜ今になって律法に従おうとする努力によって、より強いクリスチャンになるのだと考えるのですか」（ガラテヤ三・一―三〈リビング・バイブル〉）

このガラテヤの人たちは、イエス・キリストが彼らを救う方であると信じた結果、すでに聖霊を受けていたのです。ところが、クリスチャンとしての成長のためには自分が責任をもたなければならないと考える誘惑のために、彼らは信仰の生活からそれてしまったのでした。クリスチャンとして成長の功績を認められようとする誇りと誘惑が、私たち信仰者をその霊的生活のあらゆる段階で惑わすのです。悪魔は二つの明白な方法で私たちを誘惑します。

「まあ、あなたはだいぶ霊的に成長してきましたね。もうひとふんばり頑張ってごらんなさい。そうしたらもっと力を与えられるでしょう」と悪魔はささやきます。あるいは、「あなたはなんと弱く惨めな人間ではないですか。神さまがもっと多くの恵みをくださらないのも当然ですよ」と言うのです。

あなたは自分の霊的な業績のゆえに自分自身を称賛するかも知れません。あるいは、自分の失敗のゆえに自分自身を非難するかも知れません。いずれにしても結局同じことです。あなたは自分が価値ある人間となる責任を神にではなく、自分自身においているわけです。その責任は神にあるのです。

ある牧師がどんなに努力してもどうにもできないある弱さを持っていました。遂に文書偽造の罪ありと判決されて刑務所に入るまでになってしまいました。この牧師は新生したクリスチャンでした。彼は自分の失敗に打ちひしがれ、心から罪を悔い改めました。神がそれを許してくださったことを確信できました。しかし、他の人を神に導くために自分を再び用いてくださることは、あり得ないと彼は思い込んでいました。

ある日、友人の一人が彼に「獄中からの讃美」を送ってきました。その中で、神はあらゆる一つ一つの事を、私たちのあやまちをさえ用いて益としてくださるということを彼は読みました。新たな希望をもって彼は自分のあやまちも入獄のこともあえて神に感謝したのです。彼は私に手紙をくれました。

「神を讃美します。私は全く変わりました。これまで私を縛っていた絶望と罪と自責の念は消えてしまいました。私はすべてのことを、そのありのままで神に讃美し、感謝することができます。今までの私は神の恵みの広さ、深さを理解していませんでした。私はかつて自分が神に用いられるに十分〝善良〟な人間であると考えておりました。キリストが私のうちに生きることができるように、キリスト以外の何ものも得ないように、古い高慢な自己に死ぬことは何という喜びでしょうか」

その牧師の独房はまもなく讃美の宮と変わりました。また、他の囚人たちもキリストを受け入れるように導かれたのです。

自分自身を、あるいは他人を、神に用いられるに十分善良な人間であるとか、そうでないとか考える時、私たちは危険なわなに落ち込んでいるのです。イエスは弟子たちに警告されました。

「他人をさばいたり、非難したり、責めたりしてはなりません。それは自分自身もさばかれ、非難され、責められることのないためです」

神のみがさばく資格を持っておられます。神の愛でおおわれる時、私たちは神の目に聖《きよ》く、一つの欠点もない者なのです。神がすでにそのようにはっきりと言明されたからです。どうして私たちはあえて自分と人を量る基準をつくるのでしょうか。神のみが私たちの罪をとり扱う資格をもっておられます。私たちが、あるいは他の人がどれほど邪悪な人間であっても、それは神がとり扱われる事なのです。

お互いをさばきあう時、私たちはしばしば完全なまちがいを犯します。私たちは、服装やメーキャップの量や、タバコや酒、あるいは、見に行く映画の種類などでお互いを判断します。

あなたはどのようにして日曜学校の教師を選ぶでしょうか。二人のクリスチャンが並んで立っているところを想像してください。ひとりは普通の身長と体重でタバコをのむ人だとします。もうひとりは体重が三百ポンドもあって、まるで山のような巨人です。しかし、いつもやさしいほほえみをうかべていて、教会へ来るのに聖書を忘れて来ることは決してありません。さてあなたは、「御霊の実である自制をどのように成長させるか」という主題について教える人として、この二人のどちらを選びますか。

タバコは健康に有害なわるい習慣です。それは自制の足らなさを物語っています。一方、肥りすぎの人についてはどうでしょうか。聖書は大食を酒に酔うことと並べて両方とも死刑に値すると言っています。（申命記二一・二〇―二一）大食家は自分自身の死を早め、喫煙する者もまた同様です。

私は肥りすぎの人やタバコをのむ人をあなたがたがさばくようにすすめているのではありません。私たちにはさばく権利はないのです。

姦淫《かんいん》の時捕らえられた女が、イエスのもとへ連れてこられた時、ユダヤ人の指導者やパリサイ人たちはイエスに尋ねました。

「先生、モーセの律法は彼女を殺すよう命じています。どうでしょうか」

イエスは答えられました。「よろしい、彼女が死ぬまで石をなげなさい。しかし、今までに罪を犯したことのない人が最初の石を投げるがよい」（ヨハネ八・七〔リビング・バイブル〕）

私たちのうちのだれが、非難やさばきや断罪という石をひろい上げる資格をもっているでしょうか。「善良さ」や「邪悪さ」を量ることは、私たちが神に受け入れられることを、信仰によってではなく、善行によって正当化しようとするもう一つの方法に外なりません。

「信仰」と「行い」を論じる時、ある人はよく次の聖句を引用します。「私たちは神の作品であって、良い行いをするためにキリスト・イエスにあって造られたのです。神は、私たちが良い行いに歩むように、その良い行いをもあらかじめ備えてくださったのです」（エペソ二・一

〇)

さてこの意味は、私たちは神に対して良い行いをするために、新たに生まれたのだということを明白に述べているのではないでしょうか。しかし、その前の二節をごらんください。「あなたがたは、恵みのゆえに、信仰によって救われたのです。それは、自分自身から出たことではなく、神からの賜物です。行いによるのではありません。だれも誇ることのないためです」(エペソ二・八―九)

私たちは信仰によって救われる。しかし、その後は自分の力によっていくということをパウロは言っているのでしょうか。それではあまり意味をなさないわけです。

エペソ人への手紙のこの少し前でパウロは私たちは神の目に聖《きよ》く、傷のない者にすでにされており、また天にあるすべての祝福を備えられていると言っています。

では、パウロは何を言おうとしているのでしょうか。おそらく、彼は「行い」について私たちが持っているのとはちがった考えを持っていたのです。

ヤコブは書いています。

「兄弟たちよ、人がたとえ信仰を持っていると告白したとしても、〔その証拠として〕なんの〔善い〕行為もしていなかったとしたら、なんの役にたつ〈利益がある〉でしょうか。〔そのような〕信仰が〔彼の魂を〕救うことができるでしょうか……。私たちの先祖アブラハムは、

〔自分の〕子イサクを供え物として祭壇にささげた時に、彼は〔その〕行為によって義とされた〈神に受け入れられるものとされた〉〔ことが示された〕のではありませんか」（ヤコブ二・一四、二一〔詳訳聖書〕）

さて、アブラハムの行為はどんな種類の善い行いだったでしょうか。神が命じられたのでたったひとりの息子を祭壇にささげる用意をして山を登っていったあの行為はどのような行いだったのでしょうか。特にその息子は、神がアブラハムを祝し、この子を通して彼に多くの子孫を与えようと約束された、その子であったのです。

ヤコブは続けています。

「彼の信仰とその行為は、いわば、表裏一体であったこと、つまりその信仰が行為によって表わされたということがお分かりでしょうか。これこそが、『アブラハムは神を信じた。そしてそれによって義と認められた。また、彼は神の友と呼ばれた』という聖句が意味することです」（ヤコブ二・二二―二三〔フィリップ訳〕）

では、どのような「善い行い」を私たちはなすべきでしょうか。かつて弟子たちがイエスに同じ質問をした事がありました。

「そこで彼らは言った、『私たちが神のわざを〔いつも〕行っているためには〈神の命ぜられる事を遂行するためには〉、何をすべきか』。イエスは答えられた、『神があなたたちに求められるわざ〈奉仕〉は、あなたたちが神のつかわされたかたを信ずること〈神の使者によりすがり、信頼し、より頼み、信を置くこと〉である』」（ヨハネ六・二八―二九〔詳訳聖書〕）

これはまさしくアブラハムのなしたことです。アブラハムの「善い行い」は、約束を守られる神を信頼したことであったのです。彼の信仰は決して動揺しませんでした。それゆえに神はアブラハムをイスラエルの父とされたのです。

イエスは弟子たちに、彼らがご自身以上に大きなわざをするであろうと約束されました。私たちは、弟子たちが聖霊のバプテスマを受けた後、力と大いなる奇跡をもって伝道したことを知っています。その弟子たちの大きなわざのうちで、彼らのなすべき分は信じるということでした。奇跡を行う力が彼らにあったのではなく、それは彼らが信じたゆえに神から来たのでした。

聖霊のバプテスマについての共通した誤った考えがあります。それは聖霊のバプテスマがとにかく私たちに力を与え、私たちの神のために働く力と才能を増し加え、私たちを霊的な巨人にするという考えです。

これほど真実からかけ離れたことはないでしょう。それでは何のために聖霊のバプテスマは必要なのでしょうか。

聖霊のバプテスマは私たちを弱くするためなのです。その結果、神の臨在と力がより多く私たちのうちに内住し、また流れ出すのです。

パウロは書いています。

「どうか、私たちに働く力によって、私たちの願うところ、思うところのすべてを越えて豊かに施すことのできる方に、教会により、またキリスト・イエスにより、栄光が、世々にわたって、とこしえまでありますように」(エペソ三・二〇—二一)

私たちの内にあってみわざをされるのは神なのです。神に信頼すればする程、また、自分自身に頼らなくなればなる程、神は私たちの内にあってみわざをなされるということがはっきりしてきます。

そこで聖霊のバプテスマとは正確にどういうことなのでしょうか。イエスはしばしば聖霊を真理の御霊と呼ばれました。

「その方、すなわち真理の御霊が来ると、あなたがたをすべての真理に導き入れます」(ヨハネ一六・一三)

真理の聖霊はすべての信仰者の内に住み、彼らを導かれるのです。しかし真理の御霊によってバプテスマを受けるということはさらに多くのことを意味します。英語の聖書で「バプタイズ」と訳されている言葉は、実際は「浸す」とか「しみこませる」という意味で、ギリシャ語では水びたしの状態をあらわすのに同じ言葉が使われています。

ですから、聖霊によってバプテスマを授けてくださるようにイエスに求めることは、私たちが彼の真理に浸されるように、自分自身を明け渡すことを意味します。

イエスは私たちのために父なる神に祈られました。

「真理をもって彼らを聖別してください〈彼らをきよめて、聖なる用にあてて、あなたのために分離してください。彼らを聖なる者にしてください〉」（ヨハネ一七・一七〔詳訳聖書〕）

聖霊のバプテスマはきよめ、浄化、除去の体験なのです。それは神の真理というサーチライトに私たちの生活がすみずみに至るまで残らず照らし出されることです。聖霊のバプテスマは、私たちの、自分に頼る心、誇り、また、あざむきという小さな日陰の領域、また私たちが固守し続けてきた弁解、つまり、信仰を妨げ、自分のうちに神の力と臨在が流れ込むのを妨げてきたすべてのものを明らかにし、それらを、一掃するためのものなのです。

聖霊の、あるいは聖霊によるバプテスマは二重の目的をもっています。すなわち、神の力を入れるための器をきよめて備えることと、その後、器が神の力で満たされることの二重の目的です。この二つは同時に起こります。なぜなら、真理の御霊が、私たちの存在を浸し始めると、これまで内に山積するままにしてきたくず、がらくたを暴露し、一掃してしまうからです。

イエスは言われました。

「しかし、聖霊があなたたちに臨まれるとき、あなたは、力〈能力、実力〉を受ける」〔使徒行伝一・八〔詳訳聖書〕〕

ここで言われていることは、その力が私たちのものとなるというのではなく、その力が私たちを満たし、私たちを通して働くということです。私たちは入れ物であり、器であり、管《くだ》なのです。どれほど頑張っても、その内容物になり得ないのです。私たちは生ける水の入っているコップのようなものです。水は人の渇きをいやすことができますが、空のコップはだれにも満足を与えることはできません。パウロは書いています。

「しかしこの尊い宝、つまり今や私たちのうちに輝くこの光と力はこわれやすい容器、すなわち、私たちの弱いからだの中に保たれています。うちなるこの栄光ある力は神から来ているのであって、私たち自身のものではないことはだれにでも分かるのです」〔Ⅱコリント四・七〔リビング・バイブル〕〕

私には聖霊のバプテスマは必要でないと言うのは、私は神の真理によってきよめられ、その中に浸される必要はなく、また神の力が私のうちに満ちあふれ、私を通して働くことは私には必要でない、と言うのと同じです。イエスは人々に言われました。「あなたがたの中で、子供が魚を下さいと言うときに、魚の代わりに蛇を与えるような父親がいったいいるでしょうか。卵を下さいと言うのに、だれが、さそりを与えるでしょう。してみると、あなたがたも、悪い者ではあっても、自分の子供には良い物を与えることを知っているのです。とすれば、なおのこと、天の父が、求める人たちに、どうして聖霊を下さらないことがありましょう」（ルカ一一・一一－一三）

ですから、私たちはイエス・キリストに聖霊のバプテスマを授けてくださるように求めることができ、またそのことを体験することができるのです。

聖霊によってバプテスマを授けてくださるように神に願い求めたが、何も起こらなかったと言う人々から、私は毎週手紙をうけとります。どこに問題があるのでしょうか。問題は、その人たちが神の事実をみないで、自分の感情をみていることにあります。つまずきとなるのはいつも感情です。

聖霊のバプテスマも、他のすべての神の賜物と同様に、信仰によって受け取られなければならないのです。ということは、それが起こる時にあなたは何も感じないかも知れないということです。信仰とは私たちの意志の働きであって、感じに対して反応することではありません。

ある人たちが初めてイエス・キリストを救い主として受け入れる時、キリストとの劇的な、感情的な出会いを体験するのと同じように、初めて聖霊のバプテスマを受ける時、劇的な、身体的な感じを体験する人もあります。しかし、私たちは感じによって救われるのではありません。また、感じによって聖霊のバプテスマを受けるのでもありません。あなたが聖霊のバプテスマを受ける時、外に現われるどのような感情的体験をしてもしなくても、その感情が聖霊のバプテスマでは決してありません。聖霊のバプテスマは内側の変化なのです。

この内側の変化の結果として、その後多くの現われがあると聖書は教えています。キリストを証《あかし》するための力と権威が増し加わり、私たちを通して聖霊のいろいろな賜物の働きが現わされ、御霊の実――愛、よろこび、平安――が増し加わることなどです。これらすべてのことを私たちは自分の感覚で体験するわけです。しかし、これらの現われは、私たちが神の事実を受け入れた後に起こることなのです。感じによってそれらを量ることはできません。

私たちは信仰によって神のみ言葉を受け入れることを心に決めなければなりません。そして、感じに心を向けることから故意に身を転じなければなりません。そうしなければ、私たちは決して信仰を働かせることはできないでしょう。

今、み言葉を信頼します、と神に言ってください。聖霊のバプテスマを授けてくださいとイエスに求める時、主はそうしてくださると信じることです。その信頼に固く立ってください。そして、それが起こったことを知ってください。

ある青年が次のように書いてきました。

「私はこの秋、神学校に行くつもりです。しかし、私のクリスチャン生活には力がありません。私は、聖霊のバプテスマを経験したクリスチャンのグループに触れています。彼らは異言で祈っています。また、いやしや奇跡もおこっています。これはみな聖書に根拠があることを私は確信しています。私も聖霊のバプテスマを受けるように祈ったのですが、どういうわけかそれはまだ私には起こっていません。聖霊の賜物は私たちの身勝手な楽しみのためにあるのではなく、神が望んでおられる働きのために与えられるのだということは分かっております。それでもなお、神はこの経験をまだ私にくださいません。何が足らないのでしょうか。私は迷っています。私は主イエス・キリストを自分の救い主として信じています。私は心から彼のために働きたいのです。主に何度もそう申し上げました。教会でも、また個人の祈りの時も、罪を告白しました。そして許され、きよめられています。私はキリストのために働きたいのです。その十分な働きのために聖霊のバプテスマを必要としています。どうしてそれが起こらないのでしょうか。私が何か悪いことをしたために、神は私の祈りを聞いてくださらないのでしょうか。

昨日、私は祈禱《きとう》会でひざまずいて、聖霊のバプテスマを与えられるように祈りました。何人かの人たちが私の上に手をおいて、祈ってくださいました。しかし私は何も感じませんでした……。どうぞ私のためにお祈りください」

聖霊のバプテスマを祈り求める場合に、あなたがどこにいようと、またどんな言葉を使おうと問題ではありません。あなたがひとりであろうと、手をおいて祈ってくれる人がいようと問題ではありません。聖霊のバプテスマは、あなたとバプテスマを授ける方、イエス・キリストとの間の個人的な問題なのです。

一度だけ願い求めればよいのです。それから、主があなたの願いをきかれ、それをかなえてくださったことを神に感謝することです。もし、あなたが先週祈ったが何も起こらなかったとおっしゃるのでしたら、それはあなたが自分の感覚にあざむかれているからです。

イエスさまの方はなすべき分を果たしてくださったのです。今、それを信じることがあなたにかかっているのです。

あなたは何も感じないかもしれません。しかし、あなたがすぐに求めてよい、また体験できる、結果として起こる一つのことがあります。使徒行伝には聖霊のバプテスマの結果として異言のことが記録されています。それは聖霊のバプテスマを受けた信仰者に最初に現わされる霊的な賜物でした。

私の場合、イエスさまに聖霊によってバプテスマを授けてくださるよう求めた時、何も感じませんでした。ある婦人が手をおいて異言で祈ってくれました。しかしその時、からだには何も感じませんでした。それで私は何も起こらなかったのだと思いました。この婦人は私に、そのバプテスマを信仰によって受け入れ、感情に頼らず、すでに授けられたことを神に感謝するようにと言いました。私はその通りにしました。しかし少しばかげた感じでした。それから婦人は、私が口を開けて言葉を出すなら、異言で語ることができますよと言ってくれました。私はためらい、自分がばかなことをしているのではないかと思いました。しかし、異言を語ることは聖霊の一つの賜物であると聖書が教えているのを私は知っていましたし、また、私は聖霊に満たされていましたので――それが感じられようとも感じられまいと――聖霊が私の中に、また私を通して働いてくださるのを期待することができました。心の中に何か不思議な「ことば」がでてきているのに私は気がつきました。私はそれを大きな声で口に出しました。それはばかげた言葉に聞こえました。これに対する私の即座の反応は、「おまえは自分でそれを言っているのだ。わけの分からぬことを勝手につくり出しているのだ」という思いでした。それから分からされたことは、信仰によって語るということは、その結果を判断するのに自分の感覚には頼らないということでした。私は神のみ言葉を受け入れ、自分の思いには注意を払わないことにしました。

やはり何も感じませんでしたが、信じることにしました。私が最初に感じることのできたことは、イエス・キリストが私の救い主であり、また主であるという圧倒的な実感でした。聖霊が送られたのはイエスについて証《あかし》するためだということを、私はみ言葉から知っていました。突如として、今まで以上にイエスがだれであり、また私にとってどのような方であるかをはっきりと確信できたのです。

第二に私の感じることのできたことは、人に対する強い愛の思いでした。このこともまた神のみ言葉の中で教えられていたことでした。愛は御霊の実の一つです。

それ以来、聖霊のいくつかの賜物の働きも同様に私の中に、また私を通して経験されてきました。いやしや奇跡や預言をする能力を私が与えられたのではありません。神に期待して、信仰によって踏み出す時、神は私を通して聖霊の力によって働かれるということを私はただ信じるだけなのです。

私がある人に手をおいて祈ったあと、その人がいやされた場合、それは私が普通以上に霊的になったからではありません。私はただ、チャンネルに過ぎません。祈る時、私は神のいやしの力の臨在を感じる場合もあり、全く感じない場合もあります。

結果として起こることは、決して私たちの感じではなく、ただ私たちの信仰、つまり神が働いておられるということを意識的な決断によって信じることにかかっているのです。

信仰によって、異言で語り出す時、あなたは多分私と同様、でたらめにその言葉をつくり出しているのではないかと考えたくなるでしょう。その考えにだまされて語ることをやめないでください。

あなたが正直に自分自身と舌とを神にゆだねて、聖霊に祈る言葉を与えてくださるように求めるなら、その時あなたは、それをなしているのが聖霊であることを信じることができるのです。その言葉があなたの耳では、でたらめにつくられたものと聞こえようと、聞こえまいとです。大切なのはその言葉ではなく、聖霊が私たちを通して直接神に祈っておられるという事実です。

しかし、神が私たちの求めるさきに必要とするものを知っておられるのであれば、どうして私たちは祈るのでしょうか。異言で祈るにせよ、自分の言葉で祈るにせよ、なぜ祈るのでしょうか。

私たちが祈るのは、それが神の子である私たちに対する神のご計画であり、同時に私たちに示された神のご命令であるからです。

「絶えず祈りなさい」（Ⅰテサロニケ五・一七）

毎日異言で祈る時間をもつことは非常に大切です。この時、私たちは実際何をしているのかちょっと考えてみてください。真理の聖霊が私たちを通して語っておられるのです。

イエスは約束されました。「わたしを信じる者は……、その人の心の奥底から、生ける水の川が流れ出るようになる」（ヨハネ七・三八）

主がここで語っておられるのは、私たちが真理の御霊の中に浸され、真理の御霊をしみこまされる時、私たちの最も深いところから流れ出る真理の川のことなのです。

私たちはしばしば他の人へと流れ出る真理についてのみ考えます。しかし、真理がまず私たちの内に何をなさねばならないかを今、考えてください。真理は私たちの束縛された霊を解放する力です。真理は、あらゆる隠された偽り、あらゆる罪と恐れ、潜在意識下の、記憶の背後にひそんでいる過去の暗い領域のすべてを照らし出します。知性をもってしては、これらのことについて神に語ることはできません。神がこの新しい祈りの仕方を考え出された理由の一つがこのことです。

異言で祈る時、私たちは自分の霊から直接神と交わるのです。聖霊が私たちに代わって祈り、それは批判的知性というコントロール・センターを通らないのです。私たちは自分で理解しない言葉を語ります。しかし真理の御霊は私たちのうちの深いところをさぐるのです。異言で語ることが私たちのうちに大きないやしの力を持つのはそのためなのです。後になってから分かるのですが、他の人のために異言で祈る時、知性では何も分からないその人の必要のために直接祈るのです。また、その本人も自分の問題の根源が何であるかを知らない場合が多いのです。

十歳くらいの頃から重い知的、情緒的障害に苦しんできたある婦人が、キリストを自分の救い主として受け入れました。しかし、彼女は自分を悩ましていた深い緊張からの解放を経験していませんでした。聖霊のバプテスマについて聖書が言うところを学び、自分もそれを体験することを神が願っておられると確信できるようになりました。

ある日彼女は居間にひざまずいて祈りました。

「イエスさま、私はすべてを明け渡してみ手にゆだねます。あなたからのものでないあらゆるものから私をきよめてください。そしてあなたの聖霊によってバプテスマを授けてください。感謝します。それがなされたことを信じます」

彼女は何も感じませんでした。そして立ち上がって家事を続けました。ところが、それから三週間の間、いつもとちがう何かが自分の中に進行しているように思われました。彼女はほとんど絶えまなく泣いていました。それは、あたかも彼女の不幸な子供の時代を生きているかのようでした。長い間忘れていたこと、人から受けた苦痛と恐れの痕跡、人を傷つけた自分の行為などが記憶によみがえってきました。思い出す度に、悔い改めの涙が大波のようにあふれました。そして気がつくと、彼女は自分を、また自分を傷つけた人たちを神が許してくださるように、またそのような過去の記憶を神の愛をもっていやしてくださるようにと祈っていたのです。

彼女が自分の涙のことについて説明できたのは次の聖句によってだけでした。

「〈聖〉霊もまた同じように私たちの弱きを助けに来られます〈弱さをささえてくださいます〉。というのは、私たちはなんと祈ってよいか〈正しい祈りをささげるすべを〉知らないのに、み霊ご自身が来て、口に言い表わしえないほどにせつなる願いをもって〈言葉には表わしえない深いうめき声をもって〉私たちの祈願に応じてくださる〔私たちのために〕〈嘆願してくださる〉のです」（ロマ八・二六〔詳訳聖書〕）

泣き声のとぎれるあいまあいまに、彼女はだんだん楽な気持になりました。それから二週間目の終り頃のある晩、あたかも心臓が破れそうなくらい、泣きに泣いたのです。彼女は思い出して書いています。

「あたかも私のうちの何かのすき間から涙がこみ上げてくるかのような感じでした。それから突然楽になりました。あたかも嵐の後のすばらしい静けさのようでした。私はその平安の中に休息を覚えました。その時上からやさしく私の上に流れてくる光にふと気がつきました。その光は見えるというよりむしろ感じられるものでした。それが神の愛であり、私を囲み、私を支えてくれるものであることが分かりました」

彼女の緊張はほとんどなくなりました。しかし全部ではなかったのです。それから二、三日の間、今までになく心が軽く感じられました。家事をしている時も、用事で町へ行く時、車を運転しながらも、彼女はひとりで歌っていました。子供たちに教えた簡単な折返しの歌を、「ああ、イエスを愛す、イエスを愛す……」とくり返しくり返し歌いました。突然その歌は、新しい、そして今まで以上によろこばしい意味をもったものとなってきたのです。

ある日の午後、彼女は下町で車を運転していて気がつきました。自分の歌っていた曲に、

「別の言葉」をつけていたのです。後になって彼女は言いました。「何が起こっているのか分かりませんでした。私はこの時まで異言のことについて聖書が教えていることにあまり注意していませんでした。その時私は、新しい言葉で歌っていたのです。それが単なる『別の言葉』でなく、聖霊のバプテスマに関係があることを、ふと知らされました」

彼女は毎日異言で歌い続けました。そして数週間、数か月とたつうちに、それまでの緊張感と情緒的な苦悩は全く消えていきました。

「私は一生、情緒的不具者としてあきらめなければならないと精神科医に言われていました。しかし、神をほめたたえます。神さまは私をいやしてくださいました。私は異言で歌っているうちにいやされたのです」と彼女は話してくれました。

もしあなたが聖霊のバプテスマを求めて祈ったのであればそのことで神のみ言葉を信じてよいわけです。それは起こっているのです。心に浮かぶどんな言葉でも音でも口に出せばよいのです。あなたの心にその言葉を与えておられるのは聖霊ご自身であることを信じてください。

神は異言で語ることをあなたに強いられることはないでしょう。聖霊のバプテスマとともに神は異言で語る力をもあなたに与えられたのです。ただし、そうするのはあなた次第なのです。あなたは自分の口と舌で語り出すこともできますし、止めることもできるのです。どのような感じも感情も起こらないとしても、その感じないことのゆえに神を讃美してください。いつか何かを感じるでしょう。しかしその間も、信仰の成長のためにすばらしい機会を神は与えておられるのです。

聖書を開いて、イエスが聖霊について語られた個所をすべて読んでください。使徒行伝や聖霊、御霊の賜物、御霊の実などについて初代教会に書き送られた手紙を読んでください。それは全部、現在あなたにもあてはまるのです。

これらの事があなた自身に起こることを期待してください。あなたが他の人へ神の愛が流されるチャンネルとして用いられたいと思っていること、またその機会を神が備えられる時には、信仰によって踏み出す用意があることを神に知っていただくのです。

あなたによく思えようと、わるく思えようと、すべての事の中で神を讃美してください。あなたの人生に対する神のすばらしいご計画が明らかにされるために、そのすべてを神が用いておられることを信じてください。

第四章　すべてを喜びとしなさい

「愛する兄弟たちよ、あなたがたはいろいろな困難や誘惑にあっていますか。そうであれば喜びなさい。道が困難な時、あなたがたの忍耐力が成長するからです。それゆえ、忍耐力を成長させなさい。困難からのがれようと努めてはいけません。なぜなら、あなたがたの忍耐力が豊かに成長する時、あなたがたはしっかりした性格の、完成した人になって、どのような事にも対処することができるからです」（ヤコブ一・二―四〔リビング・バイブル〕）

神はあなたの人生のために特別な計画を持っておられます。その計画は、ずっと以前、神があなたを創造された時に始まったのです。神はあなたを愛をもって、注意深くご自身の設計図通りに正確に造られたのです。あらゆる詳細な点に至るまで、あなたの容ぼう、才能、生まれた場所、家族（または家族のないこと）などすべての点において、ご自身の思い通りにあなたを造られたのです。今のこの時までの、あなたのすべてのことが偶然でなかったのです。いろいろなことを通して、神は、愛をもってあなたにみ手をのばし、ご自身のもとに引き寄せられたのです。その目的のために神はいろいろな状況をつくられたのです。あなたがみ子イエス・キリストを救い主として受け入れた時、聖霊によってあなたは新しい誕生を与えられ、新しいいのちを与えられました。それから、聖霊によってバプテスマされ、聖霊に満たされました。そして今や神のご計画は、あなたをさらに充実した、完全なものにすることなのです。

「なぜなら、私たちの信仰のゆえに、彼は私たちを、今立っているこの最高の特権の場所に導き入れてくださいました。そして私たちは、神が心にもっておられるあるべき姿どおりのものと、実際になることを確信と喜びとをもって期待しているのです」（ローマ五・二〈リビング・バイブル〉）

神は私たちがなにものかになることを願っておられます。

もちろん、私たちはみなそのことを知っています。神は、私たちがもっと愛のある、もっとやさしい、もっと忍耐強いものとなり、なお一層の信仰と、平和、柔和、慈愛、謙そん、自制をもち、どこにいてもキリストの証人となり得ることを願っておられるのです。それは本当でしょうか。

確かにそうです。ところが、私たちの多くの者が、このことの意味が次のようなことであると考えています。すなわち、私たちが自己修養の厳格な努力を始め、自分自身がもっと愛のある、もっとやさしい、もっと忍耐強い、もっと謙そんな、もっと柔和な、もっと修養のつまれた者となるよう努めなければならないというわけです。そう考えて一生懸命努力すればするほど、ますます私たちは失敗するのです。

このことを改善されるのは神です。神は、私たちが自らをゆだねて、神の働きに信頼することを望んでおられます。

「兄弟たちよ、わたしは神の憐みに目を開いて、あなたがたにお願いします。分別のある礼拝の行為として、あなたがたの身体を、聖別され、神に受け入れられる生きた供えものとしてささげてください。周囲の世界があなたがたをこの世の型にはめこむままにさせないで、内側から心を神に造りかえてもらいなさい。それは、あなたがたが神のご計画が善であり、それによって神のすべての要求が満たされ、またそのご計画が完成の目標に向かって進んでいるということを実際に知ることができるためです」（ローマ一二・一―二〔フィリップ訳〕）

神はどのようにして私たちの中に変革改善をなしとげられるのでしょうか。何年もの間、身につけてきた思想や行動の型にはまった古い習慣をどのようにして神は壊されるのでしょうか。「個性」とか「個人的な好き嫌い」とか「好み」とか「強い意見」などと呼ばれる性格的なもの、すなわち、神の真理の御霊の精密な吟味に従ってよく調べる時、何年もの間、神を愛する愛と人を愛する愛から私たちを切り離してきた自己中心的な、自己防衛的な態度、そうした性格的なものを神はどのようにして壊されるのでしょうか。

私たちを変えるために神はどのような方法を用いられるのでしょうか。

「現在、あなたがたは一時的に、あらゆる種類の試練と誘惑になやまされています。このことは決して偶然ではなく、あなたがたの信仰をためすために起こっているのです。信仰は、火によって精練されなければならない金よりもはるかに尊いのです。この信仰の試練は、イエス・キリストが現われる日に讃美と尊敬と称賛となるように計画されているのです」（Ｉペテロ一・六―七〔フィリップ訳〕）

これが私たちの信仰の成長する道なのです。また、人生が困難と試みと問題におおわれている時に、忍耐と堅忍不動の信仰がいかに成長するものであるかを私たちはさきに読みました。「忍耐と信仰を増し加えるのに、そのような道しかないというのであれば、私はそれを望みません」とある人たちが言うのを聞いたことがあります。そのようにしか考えられないというのであれば、それはあなたが本当に神に信頼していないからです。心の深いところで、神のご計画と愛について疑いを持っているからです。

神は、ご自身の預言者エレミヤに、他のユダヤ人とともにバビロニヤに捕らえられて行き、そこで生涯を過ごさねばならないということを示された時、このように言われました。

「わたしはあなたがたのために立てている計画をよく知っているからだ。――主の御告げ。――それはわざわいではなくて、平安を与える計画であり、あなたがたに将来と希望を与えるためのものだ」（エレミヤ二九・一一）

バビロンにおける苦難の年月は、エレミヤとユダヤ人全体にとって神のご計画の一部であったのです。それは、彼らに将来と希望を与えるための計画、最善の計画であったのです。あなたのための神のご計画も、私のための神のご計画も良い計画なのです。あなたはそのことで神のみ言葉を信じることができますか。

楽しい、安易な状態の中では、なぜ私たちの信仰は成長しないのでしょうか。信仰は、私たちが神の約束に信頼し、より頼むようになればなるほど、成長するのです。しかし、その信仰は様々な状況を通して精練され、試されなければなりません。感覚の告げるところに反して神のみ言葉を信じ、信頼し、それにより頼もうとする私たちの決断に対して、それらの状況は挑戦してくるのです。というのは、私たちは長い間、感覚や感情や知性に、信仰を指図するものとしての信頼をおいてきたからです。信仰を働かせるためには、その習慣が断ち切られなければなりません。信仰とは（このことを忘れないでください）私たちがその証拠を見ることも感じることもできない何かを信じるというはっきりした決断を意味するのです。

ですから、もし神がすべての事を私たちの益のために働かせているのだと言ってくださり、しかも、私たちにはすべての事が不都合に、わるく見える場合、神のみ言葉に立って、起こってくるすべての事を神に感謝する時、私たちの信仰は成長するのです。

アブラハムの信仰はどのようにして成長したでしょうか。あなたはどう思いますか。

あなたは自分のひとり息子を神の命じられるまま犠牲として祭壇に捧げる覚悟をして、その子供と一緒に山に登っていく信仰を持ちたいと思われるでしょうか。しかもなお、その同じ息子を通して神はあなたの子孫を祝福し、数を増やそうとしておられると信じられるでしょうか。

もしあなたがアブラハムの友人であったとすれば、あなたは彼の信仰による狂気じみた冒険を見守り、たとい彼がまちがっているとしても、神はなおそれを益としてくださると信じて、神を讃美することができたでしょうか。

神のみが、私たちを内側から新しくし、新しく造ることがおできになるのです。私たちの側のなすべきことは、ローマの人たちに対してなされたパウロの勧告に従うことです。すなわち、自らを全く主にゆだね、主が引き受けてくださったことを信じ、そして、私たちを新しく変えるために主が用いられるすべての状況を心から喜んで、感謝と賛美をもって受け入れることです。

ある牧師がもっと忍耐を与えられるように祈り求めた有名な話があります。その祈りの翌日、彼は長年自分を助けてくれていた有能な秘書が病気になったことを知らされたのです。その人の代わりに来てくれるようになったのが、彼の知る限り、最ものろまな事務員だったのです。しばらくの間、内心いらいらしていましたが、やがて彼はその新しい秘書が自分の祈りに対する神の答であることを知りました。他のどんな方法でもっと忍耐が与えられることを学ぶことができたのだろうか、と彼は思いました。そして、神がそのようなのろまな秘書を選んでくださったことを感謝し、そのゆえに神を讃美し始めました。それから、その秘書は驚くほど変わったのです。

信仰と忍耐はクリスチャンの生活とあかしに不可欠です。しかしながら、もう一つ私たちが持たねばならないものがあります。それがないなら、私たちは「よき知らせ」の肝心な点を見失っているのです。

「愛を追い求めなさい」とパウロはコリント人に書き送っています。（Ⅰコリント一四・一）「もしあなたがたの互いの間に愛があるなら、それによって、あなたがたがわたしの弟子であることを、すべての人が認めるのです」とイエスは言われました。（ヨハネ一三・三五）「私の戒めとは、私があなたたちを愛したと（ちょうど）同じように、あなたたちが互いに愛し合うことである。……あなたたちの喜びが満ちるために」とも言われました。（ヨハネ一五・一二、一一〔詳訳聖書〕）

愛……愛……愛……クリスチャンとして私たちは愛について非常に多くを語ります。「神は愛である」「イエスはあなたを愛しておられる」「私はあなたを愛します」と。しかしながら、私たちは真実に愛し合うことからは悲しくもほど遠い状態です。

イエスは言われました。

「わたしがあなたがたを愛したようにあなたがたも互いに愛し合いなさい」（ヨハネ一五・一二）

愛は私たちにとって、この世の何よりも意味深いものです。神を愛するために、また、互いに愛し合うために私たちは創造されました。愛がない時、私たちの中に不安が起こります。傷つき、憤慨し、お互いを恐れ、憎み合い、罪に悩まされる状態になります。

私たちの感情的な痛手、不安、欲求不満、自己防衛的態度、破壊的行動——これらすべては愛の欠如からおこるのです。愛が人間の成長にいかに大きな相違をもたらすかを教育者、心理学者、社会学者などあらゆる専門家たちが教えています。

人を認め、受け入れ、信頼する愛は、忍耐強く、親切で、決して利己的でなく、ねたまず、誇らず、報いを求めず、我意を通さず、怒るに遅く、悪意をいだかず、不正に苦しまなければならない時もそれを気にとめません。最善を信じ最善を期待する愛は、人が不正に苦しむ時、決して喜ばず、真理が勝利する時、常に喜びます。このような愛はどのような状況にあっても決して衰えることなく持続していきます。

このような愛こそ、神が私たちに対して持っておられる愛であり、お互いに対して持つべく命じられている愛です。このような愛こそ、過去の傷をいやし、過去の不安を取り除き、過去の恨みや憤りをとかし去る愛です。

このような愛こそ、私たちを健全な人間とし、拒絶され、傷つけられることを恐れずに愛することのできる人間としてくれる愛です。

これがギリシャ人に「アガペー」すなわち、思慮ある、理性的、意図的、霊的献身と呼ばれた愛です。これが聖霊の実である愛です。この愛は成長して、その源泉、つまりイエス・キリストにある私たちに対する神の愛へと他の人を引き寄せる光となるのです。

聖霊のどの賜物もどのような現われも、それが与えられるのは、特に、私たちのすべての必要に対する神の愛と配慮とを示すためなのです。神は愛するがゆえにいやしを行われます。神は愛するがゆえに奇蹟を行われます。神は愛です。また、私たちの中に、私たちを通して働く神の力は愛です。それはご自身の創造のうちにある各個人に対する超自然的な、神的な、また極めて個人的な愛なのです。

この世に対するメッセージは愛のメッセージです。また、私たちは神の愛のメッセンジャーであり、神の愛を流すチャンネル、管《くだ》であるべきです。この事を達成するために、神は私たちをも愛の深い者とする計画をもっておられます。

しかし、もし愛が神からだけ私たちに来るものであるなら、もし愛が聖霊の結ぶ実であるなら、どうしてイエスは私たちに愛せよと命じられるのでしょうか。神が私たちをもっと愛の深い者としてくださるまで、待つべきではないのでしょうか。ここでもまた、私たちは、信仰によって受け入れなければならないみ言葉の約束に直面するのです。

愛は御霊の実です。み言葉は聖霊が私たちの中に内住しておられると教えています。ですから、愛は私たちのうちにあると期待してよいのです。私たちは愛する力をすでに与えられているのです。しかし信仰によって踏み出し、愛を実践しようとしなければなりません。

忘れないでください。アガペーの愛ははっきりした、意識的な愛です。たとい愛を感じることがなくとも、私たちは互いに愛し合いなさいと言われているのです。

神のみ言葉に従い、信仰によって踏み出す時、何が起こるのでしょうか。人間の自然な愛を越えた愛の力が解放されるのです。この力によって私たちは変えられ、もっと愛のある人間とされます。一方この力はまた、私たちを通して、私たちが意識的に愛そうとしたその相手にも流れていくのです。

この事は実際には、どのようにしてなされるのでしょうか。

私は、もっと愛のある人間としてくださいと神に祈っておりました。そして自分はそれほど愛のない人間ではないと思っていました。事実、私は方々を旅行して何千人という人々に伝道し、その人たちがみな恵まれたように思われ、人に対してますます深い愛を感じることができた自分をいつも喜んでいました。

ある日、私はあまりにも惨めで、いまわしいひとりの人に会い、一目見てすくんでしまいました。私はこの人に対して少しの愛も感じられず、ただなるべく早く立ち去ってほしいと願っている自分を知って、われながらおそろしくなったのです。

それは若い女性でしたが、ボーイ・フレンドの兵士に連れられて私の牧師室へやってきたのです。その顔は古いメーキャップとほこりで固められており、頭は針金のような髪の毛が垂れ下がり、服は汚れて破れていました。足は泥で汚れ、いやな体臭が部屋中に広がっていました。顔の表情はむっつりして憎悪にみち、目は泣きはらしていました。

このあわれな女は、その兵士に彼の赤んぼうが生まれることを知らせるため、フォート・ベニングまでやって来たのでした。彼はそのことに対して自分の責任を認めたのですが、彼女と結婚することをきっぱりと断ったのです。そこで彼女はかっとなって、彼を殺して自殺するといきまいていました。彼女は以前にも未婚の母となった経験があり、今度は結婚するか死ぬかのどちらかだと決意していたわけです。

私は彼女を見ながら、これほど愛することの難しい、これほど絶望的な、これほどおびえきった、これほど孤独な人間をかつて見たことはないと思いました。それなのに彼女のために祈るということに、私はいらだちを覚えたのです。彼女に触れたくなかったのです。

「主よ、なぜあなたはこの女を私のところへ連れてこられたのです」と心の中で私は叫びました。

「彼女も私の子供のひとりなのだ。失われた女で、私の愛といやしを必要としている。あなたが彼女を愛し、また私も彼女を愛していることを話してもらいたい。そのために、私は彼女をここへ連れてきたのだ」と答がありました。

突然、心を刺す思いが私を襲いました。私はそれまで、自分が愛することのできる人間であると誇っていたのです。それなのに今、愛されることをこの上なく必要としている人間を見てすくんでしまったのでした。

私は心の中で叫びました。

「主よ、お許しください。私の愛がいかに浅く、利己的なものであったかを示してくださり感謝します。私の冷淡な思いを取り除き、このひとに対するあなたの愛をもって私を満たしてください」

彼女は泣きじゃくり、まぶたははれてまつ毛染めで汚れ、目はどんよりしていました。

「先生、何とかしてください」と彼女は言いました。

「あなたは神さまを信じますか」

「はい、信じます」

彼女はうなずいて、小声で答えました。

「神さまはあなたを助けることができると信じますか」

彼女はややためらい、ゆっくり答えました。

「神さまにはできます。でも、そうしてもらえるとは思えません。私もクリスチャンでした。だけど、今の私を見てください。かりに神さまが助けようとされても、こんな状態の私に対して何ができるでしょう」

「神さまはあなたを助けることができるのです。また、助けたいと思っておられます」と私は、実感は伴いませんでしたが、確信をもって言いました。

彼女は首を振り、肩をおとして全く絶望的な表情でした。

「どうぞ、神があなたを愛しておられることを知ってください。今、あなたがこの部屋を出ていく前に、神はあなたをご自分の喜びと平安で満たし、あなたのすべての求めに答えてくださるでしょう」

と私は言いました。

彼女はじっとこちらを見て、あっけにとられた様子でした。また、兵士の方は、私が無理に彼と彼女を結婚させようとしていると思ったようでした。

私は続けて言いました。

「神があなたを今日ここへ導かれたのです。神のゆるしがなければ、いろいろな問題があなたの身に起こることもなかったのです。これらのすべては、神がどれほどあなたを愛しておられるかをあなたが知るようになるために必要だったわけです。あなたの人生のために、神はすばらしいご計画を持っておられるのです。もしあなたが神に信頼し、あなたの身に起こったあらゆる事を神に感謝するなら、今ここで、神があなたを助けようとしておられることがわかるでしょう」

「この事を神に感謝するんですって？」

彼女の目は再び怒りの目つきに変わりました。

「私の願いは、この人と結婚して、子供が名前をつけてもらえることなんですよ」

「ここを見てください」

と私は聖書を開いて、下線を引いた次のみ言葉を示しました。

「すべての事について、感謝しなさい。これが、キリスト・イエスにあって神があなたがたに望んでおられることです」（Ⅰテサロニケ五・一八）

私はまたページをめくって、ローマ人への手紙八章二十八節を開きました。

「神を愛する人々、すなわち、神のご計画に従って召された人々のためには、神がすべてのことを働かせて益としてくださることを、私たちは知っています」

彼女は疑惑の目でじっと見ていました。この傷ついた人に、神の愛や他のどんな愛について語っても、それがいかにむだであるかが突然、私にはわかりました。彼女は「愛」という言葉の意味を知らなかったのです。ただ神のみが彼女の心に理解の火花を点じることができたのです。

「あなたのために祈っていいですか」

「いいですよ」

と彼女は無気力にうなずきました。

私は近づいて手を彼女の頭の上におきました。その時私は、彼女がどれほど汚れていて、ゴシゴシ洗う必要があるかを改めて知り、心の痛みと身ぶるいを覚えました。

私は小声で祈りました。

「主よ、私たちのことを思うあなたの愛は本当は無限です。私たちの持てる小さな愛とくらべて、あなたの愛ははるかに大きな愛です。どうぞ神さま、今あなたの愛で彼女に触れてください。また、彼女を愛することを私に教えてください」

それから私は手をしっかり彼女の頭の上において声高く祈り始めました。

「神さま、すべての事であなたを讃美することはあなたのみこころです。この世の何事も、あなたのみこころと許しがなければ起こり得ません。あなたの愛する子供であるこのひとは傷つき、苦しんできました。彼女は病気で、傷つき、人に見捨てられ、冷たくされています。けれども、あなたが彼女を愛しておられることを私は知っております。今日この日へと彼女を導くことになったすべての事をあなたに感謝します。主よ、彼女を助けてください。彼女があなたの愛を見て、今あなたを讃美できるように助けてください。今あなたがそうしてくださることを信じます……」

私は手の下で彼女がふるえているのを感じました。神がその愛をもって彼女を感動させられたのです。

「もうあなたはすべての事を神に感謝できますか」

「ええ、できます」

彼女は急に叫びました。「神さま、ありがとうございます。私は本当にすべての事を感謝します」

私は祈り続けました。

「神さま、この打ちひしがれた魂を今あなたがいやしておられることを信じます。あなたが彼女の中に新しい命を与えておられることを、悲しい命を与えておられることを、悲しみの代わりに喜びを、敗北の代わりに勝利を与えておられることを信じます」

祈り終えて私が後にさがった時、彼女の顔は涙で輝いていました。

彼女は大きな声で言いました。

「どうしたのでしょう。何かとっても違った感じです。もう心の中にかき乱されたものがありません。ほんとうに静かな感じです。こんな感じははじめてです。感謝です。本当に感謝です」彼女は驚きで目を見開いていました。

「これはどういうことですか」

「神さまが働かれたのです。私たちが神を信じ、神を讃美したからです」と言って、突然悟ったのですが、同じ奇跡が私の中にも起こっていたのです。私はじっと彼女を見つめました。彼女は別人に見えました。私は彼女を抱きしめたいくらいでした。彼女はそれほど美しく、清らかに、聖く見えたのです。

「主よ、ありがとうございます」

自分の霊が高く舞い上がるように私は感じました。

「私は彼女を愛します。私を変えてくださったことを、主よ、感謝します」

彼女に対する私の態度を私が自分の努力で変えようとし、それによって、自分を愛の深い人間とすることは決してできなかったでしょう。神に変えてもらわなければならなかったのです。私のなすべきことは、自分の愛の欠如を認め、また告白し、さらに、信仰によって、愛したいという願いをもって、私を変えてくださる神の力にゆだねることだったのです。

自分で自分を変えようとすればするほど、私たちはますます混乱していきます。また、自分のいたらなさについて、ますます罪意識をもつようになります。

自分の力では人を真に愛することはできないということを示すために、神はあらゆる人びとを私たちのところへつれてこられます。それは、私たちを不快に思わせるためではありません。私たちにも、またその相手の人たちにも、人を変える神の愛を経験させる機会を与えるために神はそうされるのです。

容易に愛し得ない人が身近にいることであなたは神に感謝していますか。あなたの近くに怒りっぽい人がいますか。あなたは気むずかしい上役をおもちですか。その人たちのことで神を讃美してください。神はあなたを愛しておられ、彼らを愛することのできる人間に変えることによって、あなたを喜びで満たそうとしておられるからです。神は彼らをも愛しておられます。そして、ご自分の愛を彼らに伝える管《くだ》として、あなたを用いたいと願っておられるのです。

愛を実践するための最もすばらしい、最も挑戦的で、困難な機会は、私たちの家庭の中に、毎日の生活の場に与えられていると私は思います。あなたの夫、あるいは妻はあなたの気にさわるような性格の持ち主でしょうか。あなたの両親は一緒に住むのに難しい人でしょうか。あなたの子供たちは反抗的でしょうか。

互いに愛し合いなさい、とイエスは言われました。お互いを受け入れてください。お互いのことで神に感謝してください。

アル中患者の夫のことで神に感謝したり、冷淡で、反抗的な子供のことで神に感謝したりすることは容易ではありません。私たちに愛されることを願わないと言う人を愛することは容易ではありません。

私たちの目にある梁《はり》（訳者注・マタイ七・三）や自己正当化の思い、自己憐憫《れんびん》、長く苦しんできた殉教者であるかのような態度などを認めるのは容易ではありません。神が目の中の梁を私たちに示すために、ある人々を連れてこられるのですが、そのことで私たちは神に感謝できるでしょうか。

そういう人々のあるがままの状態を、私たちは神に感謝することができるでしょうか。特に愛することを難しくしているそのことで私たちは神に感謝することができるでしょうか。その不愉快な性格のゆえに彼らを愛することができないことを私たちは告白できるでしょうか。しかもなお、彼らを愛したいという願いのあることを告げることができるでしょうか。さらに、神のみこころとご計画に従って、あなたが彼らを完全に愛することのできる者に造り変えられるために、自らを神にゆだねることができるでしょうか。

それができれば、神が私たちの中に奇跡を行ってくださることを私たちは確信をもって期待できるのです。それはすぐに起こる場合もあります。つまり、すばらしい愛の火花《スパーク》を感じるかもしれません。もちろん、そのことで主を喜び、讃美します。しかし注意してください。感情に頼ってはいけません。その最初の火花《スパーク》は消えてしまうかもしれません。そして何もしないでただじっと第二の感動を待つことになるかもしれません。

キリストが私たちを愛しておられるのと同じように、故意に、意識的に人を愛するには、いつもはっきりした意志が必要とされます。はじめに、感じるかどうかということは、私たちが愛するという事実を決して変えるものではありません。神が私たちのところへ連れてこられたその人にこの愛を伝える実際的な、特別の方法を神は私たちに示されます。そして、私たちは今まで感じたことのないほどの深い愛を経験し、感じます。私たちのその愛はゆるぎなく安定したものとなります。それは私のもっている限られた狭い源を越えた別の源から流れてくるからです。それはあふれるまでに私たちを満たし、私たちを通して他の人へと注がれる神の愛なのです。このことが〝神の愛に根ざす〟ということの意味です。また、その肥沃《ひよく》な土壌の中で、私たちの愛する能力はますます成長していくのです。

これが、私たちのうちに聖霊がどのように実を結ぶかの道すじなのです。

あるクリスチャンの婦人がアルコール中毒の夫と長年結婚生活を続けてきましたが、とうとうその夫は法にふれるまちがいを犯して投獄されてしまいました。その婦人は国からわずかな生活保護を受け、子供たちを育てるために苦労しました。彼女はちゃんと子供たちを教会にも連れていき、周囲の人々の同情と尊敬を受けていました。

友人たちはよく言いました。

「かわいそうなエドナ。彼女はあの子供たちを女手ひとつで育てたのですよ。日曜日には教会を休んだこともなく、一言の不平をもらしたこともない人です。それにくらべて、ご主人は何ひとつとりえのない人で、仕事も長続きしたことはなく、いつも酔っぱらっては家族の恥さらしをしているのですよ……」

夫が刑務所にいる間に、エドナは離婚の正当性を感じて離婚しました。今や彼女は、今までよりはよい環境で子供たちを自由に育てることができるようになったのです。

ある日のこと、友人が「獄中からの讃美」を彼女に届けてくれました。

彼女は、長年の間味わってきた自分の惨めさを神に感謝するなど全く不可能だと思いました。しかし、讃美が他の人々の人生をいかに変えたかを読み、自分もやってみようと決心しました。

彼女は祈りました。

「主よ、夫のアルとお酒のことで感謝します。苦しい生活、不安と孤独の長年の日々をあなたに感謝します」

まもなく彼女は、以前の夫が刑務所から釈放されて、またもとの飲酒癖に戻ってしまったと聞かされました。しかし、なおも彼女は自分のその境遇を感謝し続けていました。

やがて、徐々に彼女は、今まで気づかなかったある事に気づいてきました。かつての夫のことを神に感謝し、彼を愛し、ありのままの彼を受け入れることができるように神の導きを祈り続けているうちに、彼女は自分の方が飲酒よりもっと重大な罪を長年犯してきたことに気づいてきました。

夫の目にあるちりを見ながら、自分の目にある梁《はり》には全く気づかずに過ごしてきたのでした。飲酒のゆえに夫を非難し、自分を正しいとし、彼よりも自分の方が価値ある人間と思っていたのです。それと同時に、自己憐憫《れんびん》と憂うつと、そして自分だけが犠牲になっているという気持にかられて毎日を過ごしていたのでした。

ある時、彼女はついに叫ぶように祈りました。

「主よ、私の罪の方がアルの罪よりもずっと大きかったことがわかりました。あなたは私たちに互いに愛し合いなさい、試練を喜びなさいと命じておられます。それなのに私は愛することも喜ぶこともしませんでした。主よ、どうぞ許してください。私がそのような自分自身を知ることができるように、あなたがアルを私に出会わせて下さったことを感謝します。今、彼をかえりみてください。彼が今まで受けてきた数々の傷をいやしてください。あなたの愛をもって彼に臨んでください」

その日から後、エドナは自分の境遇をたやすく喜べるようになりました。彼女は、その境遇が神からのものであり、自分が愛と喜びで満たされるための神のご計画の一部であったことを知ったのです。さらに神を讃美し続けるにつれて、以前の自己憐憫《れんびん》や憂うつな気持はだんだんなくなり、毎日が新しい喜びの日々となりました。また、イエス・キリストの臨在を今までになく、驚きをもって意識するようになったのです。

それから、まもなくその夫はふとしたことである教会の礼拝に出席し、キリストを自分の救い主として受け入れたのです。そして過去十五年間も縛られていたアルコール中毒から完全にいやされました。エドナとアルは再婚しました。そしてアルは、神に仕える全く新しい生活を始めるために大学で学ぶことになりました。

難しい人間関係や苦しい一連の境遇は、私たちが成長する機会、すなわち、私たちの霊的筋肉を訓練する機会として神から備えられた愛の配慮によるものなのです。あるいはまた、それは私たちの中にある特別な弱さや過ちを示すための神の配慮なのです。

理由は何であれ、私たちは喜ぶことの根拠をもっています。どんな弱さも、それがどのように隠されていても、ちょうどそれは建物の土台にできたひびのようなものです。

「それゆえ、このあなたがたの不義は、そそり立つ城壁に広がって今にもそれを倒す裂け目のようになる。それは、にわかに、急に、破滅をもたらす」(イザヤ三〇・一三)

遅かれ早かれ、土台にあるひびは建物全体を倒壊させてしまうでしょう。自分で気づいているひびについては、私たちは何らかの処置をすることができます。自分の知っている罪や弱さはすべて告白することができます。ひと度告白されるならば、それが許され、神の愛によって傷あとや記憶がいやされたという確信を得ることができます。しかし、隠されたひび、つまり落ち着きのなさ、不安、混乱、怒り、その他、私たちが経験上知っている同様な兆候など、そうした漠然とした感じで表面に出てくる隠された罪についてはどうでしょうか。

さきほどのみ言葉の中でイザヤが言っているその不義とは、イスラエルの人々が神のみ言葉に基づいて行動することを何度も拒んだことでした。そして、自分たちの預言者や人間の助言を求めたのです。彼らは神を頼みとするよりも自分自身を頼みとすることを好んだのです。

自己信頼と自信というものが常に私たちの土台にできる重大なひびなのです。神がある境遇に私たちを導くことによって自分を頼みとしている生活領域を私たちに示そうとしておられるのであれば、私たちは自分の無力さを神に感謝し、神から与えられる強さと力とを喜ぶべきではないでしょうか。

ジョージア州のフォート・ベニングで士官になるための訓練をうけていた青年がいました。彼は自分がそぐわない境遇の中にいることに気づきました。

「私は今助けがいります。でなければ気が狂いそうです」と彼は私に言いました。彼はこれまで常に、自分は人生のどのような境遇に直面してもうまくやっていけるという自信をもっていました。その自信はうぬぼれに近いものでした。ところが、士官学校に来て以来、どうしても以前のように事がうまくゆかないことを知ったのです。そして想像上の自分というものと人生の見通し全体が砕かれてしまったのです。

士官候補生のための厳しい訓練は、軍隊での士官としての任務を教えるだけでなく、戦場において部下の生命を危険にさらすことになりかねない、どんな弱点でも明らかにされるためのものであったのです。彼らがどのような人物であるのかを試すために、候補生たちは故意にある緊張状態におかれるのです。この状態のもとでだめになるのであれば、それは部隊の責任をもつ前にはっきりする方がよかったわけです。

この青年の場合、自己満足を装いながら、実際は自分に自信がなかったのを教官たちは感づいていました。それで圧力がかけられたのです。早朝から深夜に至るまで彼は監視されていました。一挙手一投足が批判されたのです。

「おい、もっと敏速に動けないのか」

「のろまな奴だ。指令に従えないのか」

「豚のように食べてばかりいるのか」

「背骨がないのか」

「おふくろに助けてもらいたいのか」

「もう一度この建物のまわりを走るんだ。そうしたら足の上げ方が分かるはずだ」

彼が今までもっていた自信は急速に弱まっていきました。打ちのめされ、どうしようもない気持ちで、彼はもう除隊して、自分を虐待する人々から逃げるために必要ならば、国外に出る覚悟さえしていたのです。

話していくうちに私は、彼がその時まで、神を信じたこともなく、聖書が彼にとって特別な意味をもった経験もなかったことを知らされてきました。しかし、もし自分を助けることのできるような神が存在するなら、信じたいという願いを彼はもっていたのです。

彼の今の状況について聖書が教えるところを私は話してやりました。神は彼の人生のために完全なご計画をもっておられるということ、彼が今経験している試練はそのご計画の一部であるということ、もし彼が自分の人生の支配権を神に明け渡して、あらゆる事を神に感謝するなら、神はすべての緊張と圧迫感をやわらげてくださると話しました。

彼は関心のある様子でした。その顔と目には緊張と睡眠不足が表われていました。

彼は頭を振って言いました。

「私は今までこのような立場に立たされたことはないのです。もう行きづまっています。あなたはこのような窮地に私を追い込んだのは神であると言われるのですか」

私は言いました。

「そうなることを神が許されたのだと言った方がよいでしょう。あなたがこのような苦しみの中を通らなくて、神に立ち帰り、あなたの人生のための神のご計画を受け入れるようになることを、むしろ神は望まれたと私は思います。ところが、あなたの方が助けなしに自分の人生をどうにでもできると主張してきたため、あなたが神を必要とするものであることをわからせるために、最もすばらしい方法を神は選ばれたわけです」

私はパウロのコリント人への第二の手紙を開いて読みました。

「兄弟たちよ、私たちがアジアで会った苦しみについて、ぜひ知っておいてください。私たちは、非常に激しい、耐えられないほどの圧迫を受け、ついに命さえも危うくなり、ほんとうに心の中で死を覚悟しました。しかし私たちがこのような行きづまりを経験したのは、自分自身に信頼しないで神に信頼することを学ぶためであったと今では信じています」（Ⅱコリント一・八―九〔フィリップ訳〕）

彼は考え込んでいるようでした。そして、あなたのために祈ってもよろしいですか、と言う私のことばを受け入れてくれました。ただし、それがどれだけ役に立つかは確信がなさそうでした。

私は彼の頭に手をおいて、彼の今の境遇のことで神を讃美し始めました。そして神が彼を愛し、彼の人生の細かいことまで関心をもっておられることを彼が理解できるようにと祈りました。祈っていると、彼の体がふるえ、目から涙が流れてきました。しばらくすると、彼は声をあげて笑いだしました。

彼は叫ぶように言いました。

「神さま、あなたを讃美します。神さまありがとうございます。あなたのご配慮がわかりました。あなたの愛を信じます」

私の方を向いたその顔は輝いていました。

「士官学校へ私を入らせたのは神だったのですね。私が答えを見いだすのがここであることを神はご存じだったのです。私は生れ変わったような気がします」

ほんとうにそうでした。彼はキリストを救い主として受け入れました。そして士官学校を優秀な成績で卒業しました。

人生の危機において彼の土台の重大なひびが明るみに出されたのでした。彼がその状況の中に神のみ手を認めて感謝することができた時、そのひびはいやされたのです。

私たちの自己満足という壁をつき破るこうした境遇は形を変えた神の祝福なのです。また、周囲の状況をどうにでもできる力が自分にあるのだという妄想が取り去られていく様々な心痛む出来事のことで、私たちは本当に神を讃美することができるのです。神を讃美していくほど、このことはますます容易になるでしょう。よろこびが増し加わり、苦痛はなくなります。

またその境遇がつらければつらいほど、私たちのうちに内住し、生きてくださるキリストの本当の力をますます知るようになるのです。

一つ一つの挑戦的な出来事や、成長のための試みや機会を通して、私たちは神の愛と力を流し出す管《くだ》として備えられていくのです。ある若い女性が一連の不幸に直面していました。彼女は母と兄弟二人を亡くしました。父は再婚し、離婚し、また再婚しました。彼女自身は大学で試験に失敗し、ひどく酒を飲んでいました。その頃、イエスのことを聞き、自分の救い主として受け入れました。しばらくの間、彼女は喜びに満たされていました。自分のあかしによって他の人もイエスを知るようになってきました。毎日の生活はスムーズにいっており、彼女はもう困難な時期は過ぎ去ったのだと思っていました。

その後、問題がまた次々と起こってきました。二度も車の事故に遭い、二度ともけがをしました。次は、首に腫物ができて手術を受けねばなりませんでした。またある時は、コーラを飲んで重い病気になりました。そのコーラに何かが入っていたのです。また登校の途中で暴漢にナイフでひどくおどされたり、またある時は、銃をもった男に後をつけられたりしました。ある晩は、ごろつきがやって来て、押し入って乱暴しました。とうとうパート・タイムの仕事もやめさせられてしまいました。雇い主が、そんなにもひどい災難に遭っているのは、彼女が何か悪いことをしているにちがいないと思い込んだからです。

こうしたことの中でも彼女は信仰を守り続ける努力をしました。最も忍びがたい重荷は、自分の知っている教会の人たちから信用されず、疑われたことでした。

その頃、ある人から「獄中からの讃美」を手渡されました。彼女はそれを読んで新しい希望が与えられたのです。それは、これまでのすべての問題は神のゆるしなくして起こりえないのである以上、神が何かの考えをもっておられるのだということでした。彼女はこれまでに起こった不幸の一つ一つを神に感謝し始めました。感謝するにつれて、それまで彼女を捕らえていた恐れが喜びにとって代わりました。

彼女は私に言いました。

「神さまが私のすべてであるということが突然わかりました。ほかの人たちには安定した生活があるかも知れません。私にあるのはただ神さまだけです。これまでのいろいろなことで、このことがもっとはっきりしてきました」

この若い女性は、今では新しい輝かしい力をもって救い主を証《あかし》してまわっています。そして、自分と同じように苦しんでいる人たちに対して深い理解と同情とを持っているのです。

彼女は自分の人生のすべての状況が神の愛のみ手によって支配されているのだということを信じるようになったのでした。そして新たな試練に直面する度にこのように言うことができたのです。

「神さまがこれを許されたのです。だからこれは私の益となるに違いありません」

ある若い婦人が突然、夫を失いました。子供がなかったので彼女は言いようもない淋しさを感じました。里に帰り慰めと同情を得ようとしたのですが、家族の者は彼女に何も話そうとせず、あたかも彼女の存在を無視しているかのようにふるまいました。

この全く拒絶の態度を彼女は理解できませんでした。彼らが自分をそのように扱ったことはそれまでなかったのです。その時の孤独と、無用者扱いされたことの苦しみは堪えられない程でした。からだにも痛みが出てきて、夜は眠られず、急速にやせてきました。

昼も夜も彼女は家の中でひとり泣いていました。やがて時間の感覚もなくなってきました。頭も鈍ってきているのが自分でもわかりました。

絶望の中で彼女は叫びました。

「神さま、あなたはおられるのですか。私のことをかえりみてくださらないのですか」

何の答もなく救いも見いだせませんでした。

ある日彼女は、近くの書店で「獄中からの讃美」の本を手にとりました。その本の後のカバーに、著者が従軍牧師であったと書かれてあるのを読んで、彼女はその本をもとの場所に戻しました。夫が亡くなったのが軍隊であったため、悲しい記憶がよみがえってくるのを恐れたのでした。帰宅しても、その本の題名が終日、頭の中にあって、「それを読め、それを読め」

という思いが消えませんでした。

彼女はこれまで何かの本を読むことで、このような強い衝動を感じたことはなかったのです。そのせきたてられるような感じに自分でも当惑しながら、またその書店へ行ってその小さな書物を買い求めました。

家に帰ってそれを読み始めました。まもなく涙が出てきました。時折、涙で字が見えないほどでした。床の上にひざまずいて読み続けているのに気がついたこともありました。

その書物を通して神が直接自分に語りかけておられることを彼女は知ったのです。しかし、そのメッセージは信じられないものでした。夫が亡くなった事を感謝せよと神は本当に私に言っておられるのか。どうして神はそれほど残酷なのか。彼女の中のあらゆるものがこのメッセージに反抗しているかのようでした。それでもなお、彼女は読み続けました。すすり泣きはだんだん静かになり、新しい平安が心に入ってきました。徐々に彼女の思いは変わっていきました。

彼女はこのように思いました。「私を助けるために、神はこれまですべての事の中におられたのだ。もし主人が生きておれば私は決して神を求めなかったであろう。このことを神はご存じだった。もし兄とその家族が親切と愛をもって私を慰めてくれたとすれば、私は彼らを頼ったにちがいない。今、私は全くのひとりぼっちだ。そして神に心を向けている。イエスさま、あなたのご臨在を覚えます。あなたは私とともに今、ここにおられます。私をあなたのもとへ導くことになったすべての事のゆえにあなたを讃美し、感謝します」

彼女が心に感じた平安はかつてないほど大きな平安でした。その後、数日間の彼女の生活は喜びに輝いていました。それまで彼女の悲しみに打ちひしがれていた様子を、ますます心配して見守っていた友人や、身近な人たちは全く驚いてしまいました。

まもなく彼女の兄がやって来て、涙ながら告白しました。

「本当にすまなかった。ひどい誤解があったんだよ。君の主人が危篤の時、われわれがおまえを助けることをいやがったというようなことを、おまえが隣りの人に言ったとある人から聞かされたんだ。ぼくたちが愚かにもそれを信じ込んでしまって、全く驚き、腹が立ち、おまえに会うのも、口をきくのもいやになったというわけなんだ」と彼は全く恥じ入っていました。

「ところが今日それが別の未亡人のことだったと聞かされたんだよ。おまえが一番私たちを必要としていた時に、ひとりぼっちにつき放しておいたと思うと……」

「あやまる必要なんかないんです。聞きちがっていたことを感謝してください」

と若い未亡人である彼女は快活に答えました。兄は自分の耳を疑いました。

「それはどういうことなんだ？　おまえが本当にぼくを必要とした時に、ぼくはおまえを失望させたんだ。その事を神に感謝せよと言うのか」

彼女は笑って言いました。

「そうなんです。もし兄さんが私にそっぽをむいてくれなかったら、私は神さまがどれほど自分を愛しておられるのかを知ることがなかったでしょう」

この話は、人のかげ口を信じ込んだり、私たちの愛を必要とする人たちを助けないことの弁解をさせるためのものではありません。神が私たちに願っておられるのは次のことです。すなわち、私たちが人生を神にゆだねる時、神が私たちの益のためにそれを許されるのでなければ、だれも、私たちを不当に取り扱うことはないのだという、その確信をもつことなのです。自分にむけられるいろいろな不親切な言葉や卑劣で、陰険なかげ口も私たちは神に感謝することができます。

「もし、あなたが不当な苦しみを、神のみこころを知るがゆえに耐え忍ぶなら、そのことで神はあなたを祝福されるでしょう。悪をなしたために受くべき罰を忍んでもなんの誇ることがありましょうか。しかしあなたが義をなした時に、苦しみを耐え忍ぶならば、そのことで神はあなたを祝福されるでしょう」（Ⅰペテロ二・一九―二〇〔グッド・ニューズ・フォ・モダンマン〕）

立派なばらの花を咲かせるためには、刈り込みが必要です。イエスは言われました。

「わたしはまことのぶどうの木であり、わたしの父は農夫です。わたしの枝で実を結ばないものはみな、父がそれを取り除き、実を結ぶものはみな、もっと多く実を結ぶために、刈り込みをなさいます。あなたがたは、わたしがあなたがたに話したことばによって、もうきよいのです」（ヨハネ一五・一―三）

イエスが与えられた命令は次の通りです。

「『心を尽くし、思いを尽くし、知力を尽くして、あなたの神である主を愛せよ。』これがたいせつな第一の戒めです。『あなたの隣人を自分と同じように愛せよ。』という第二の戒めも、それと同じようにたいせつです」（マタイ二二・三七―三九）

イエスの言われた愛は意識的な愛であり、愛そうとするはっきりした意志を必要とする愛です。それは信仰によって働く愛なのです。「わたしがあなたを愛したように、あなたがたも互いに愛し合いなさい」（ヨハネ一五・一二）と、イエスが言われた時、この愛の性質について語られたのです。

私たちの中にある、この戒めに従わないいかなるものも除かれねばなりません。その苦しい刈り込みとも言うべき状況において、もし私たちがそれを避けようとしたり、そのことで不平を言ったりするなら、それは、ただ私たちの中に働かれる神のみわざを遅らせ妨げることになるだけです。これらの事が私たちに起こるのではなく、また残酷な運命の気まぐれでもなく、愛深き父なる神が私たちの愛深き農夫であられるからです。私たちは神を喜び、感謝することができます。それは神が私たちの最善を知っておられるからです。

フォート・ベニングにクリスチャンの士官候補生がいました。彼は自分の妻がひどく衰弱して精神病院に入れられたという伝言を受けとりました。医師によれば、彼女の回復については悲観的であり、無期限の入院が必要であるということでした。

この士官候補生ジョンが牧師室に来た時、彼は最初何も言うことができませんでした。私は背の高い彼の肩がすすり泣きでふるえ、涙が悲しげな顔を流れるのを見守るだけでした。

彼は精いっぱいの言葉で言いました。「どうして、どうしてこんな事になったのでしょうか。家内も私も信仰生活のために努力してきました。どうして今、神は私たちを見捨てられたのですか」

「神はあなたがたを見捨てられたのではありません。奥さんを入院させることについて神が本当の目的を持っておられるのです。一緒にひざまずいてそのことで神に感謝しましょう」

と私は言いました。

ジョンは私の顔を見つめて言いました。

「先生、私はルーテルの教会員なのです。聖書の中でそのようなことを読んだことはありません」

私は言いました。

「この個所はどうですか。『いつでも、すべてについて、私たちの主イエス・キリストの名によって父なる神に感謝しなさい』（エペソ五・二〇）」

ジョンは頭を振って言いました。

「その聖句は知っています。それはよい事を神に感謝するという意味だと思います。悪い事を神に感謝するなんて聖書的とは思えません。パウロが弱さを喜ぶと書いているのは少し極端だと、私は日頃から思っていました」

私は言いました。

「私も以前はそう思っていました。しかしパウロがこう言うのは正しいと確信できるようになったのです。彼の弱さを喜ぶと言う時、それは苦痛それ自体を喜ばしいことと思うべきであると言っているのではないことは明らかです。パウロは自分の苦しみを別の角度から見るようになったのです。彼の苦しみがより高い目的のために用いられ、自分のための神の愛に満ちたご計画の一部であることを学び知ったのです」

ジョンは考え込んでいました。そしてゆっくり言いました。

「どうしてもわかりません。それほど深い意味はないんじゃないですか」

私は続けました。

「パウロもつらい思いをしてこの教訓を学んだのです。彼の『肉体のとげ』のことをおぼえていますか」

ジョンはうなずきました。

「三度もパウロはそれが取り除かれることを祈りました。その時は彼は苦しみを喜んでいなかったのは明らかです。そして三度神は彼に『否』と答えられたのです」

私は次の聖句を彼に示しました。

「『否、しかし私はあなたと共にいる。それがあなたの必要とするすべてである。私の力は弱い人たちに最もよくあらわされる』今や私はいかに自分が弱い者であるかを喜んで誇りとしよう。自分自身の力や才能を誇示するのでなく、キリストの力の生きた証人となることを喜ぼう」（Ⅱコリント一二・九〔リビング・バイブル〕）

私は続けました。

「パウロはその弱さを、弱さそのもののために喜んだのではありません。彼はコリントの人たちに対してさらに書いています。『それがすべてキリストのためであることを知っているので、私はこのとげを全く喜んでいる。そして侮辱も、苦難も、迫害も、困難をも喜んでいる。なぜなら、私は弱い時にこそ強く、少ししか持たない時ほど、ますます多く神により頼むからである』（Ⅱコリント一二・一〇〔リビング・バイブル〕）」

ジョンは考え込んで自分の聖書のページをめくっていました。

「神がすべての事においてお働いておられるという信仰は私も持っています。しかし、喜ぶということはどうも私にはできそうもありません」と彼はついに言いました。

「もし私たちが信仰を持ってはいるが喜べないと言うなら、それは、神が最善をなしておられるということを本当に信頼し、ゆだねていないことになるのではないですか」と私は言いました。

ジョンは無言で座っていました。それからきっぱりとうなずいて言いました。

「先生の方が正しいと思います。私もそうしようと思います」

私たちは共にひざまずきました。ジョンの長身の肩は祈る時、すすり泣きでふるえていました。

「神さま、あなたは私の妻を私が愛する以上に愛しておられることを知っております。あなたが私たちのためにすばらしいご計画を実行しておられることを信じます」

涙が顔に流れていましたが、彼の目は新しい確信で輝いていました。

「先生、神は適切な事をなしておられます。私にはそれがわかります」

と彼は言いました。

二、三日後、ジョンは妻の近くにおれるように、家庭の事情による転任を申請しました。その要求は許可されました。彼は私のところへ別れの挨拶に来ました。

興奮の面持ちで彼は言いました。

「すばらしいお知らせがあります。神さまは妻のいやしを約束してくださいました。私が彼女に会って、手を彼女の頭において『イエスの御名によっていやされよ』と言うなら、神さまは彼女をいやしてくださると約束されたのです」

私は疑わしく、心苦しい気持ちでした。もしジョンが熱心さのあまり、勝手に神より先走っているとすれば困ったものだと考えました。しかし、その時私もまた聖霊によって確信を与えられました。そして手をジョンの上において別れの祈りをしました。

「父なる神さま、祈り求めるとき、どんな事でも、二人の者が地上で心を合わせるなら、あなたはそれをかなえてくださると言っておられます。（マタイ一八・一九）私は今ジョンが奥さまに手をふれる時、あなたが彼女をいやしてくださることを信じて彼とともに心を合わせます」

二週間後、ジョンから手紙が届きました。

「イエスさまが言われた通りのことがおこりました。私が妻と最初に顔を合わせたところは、イエスさまの言われた通り、精神科の診療室でした。彼女は全くひどい状態でした。その顔のしわとおびえた目つきを見て、これは処置なしだと思うほどでした。しかし神の命じられた事に従わねばならないと思い、近づいて彼女の上に手をおきました。私が触れた瞬間、ショックのようなものが彼女の全身に伝わりました。私は彼女がいやされたことを知りました。それから彼女はいやされましたとそこの医師に言うと、医師は私も入院をしたほうがいいのではないかという目つきで私を見ました。しかしその翌日、呼ばれてその医師に言われました。

『どう説明していいか分かりませんが、奥様は健康と思われます』

妻は今、家で、今まで以上に幸せな毎日をすごしています。彼女は自分の経験した苦しみによって強められ、今、私と一緒にすべての事を感謝しています。私たちが神を讃美する時、キリストのいやしの力が、いかにさまたげを除いて働き始めるかを学びました」

私たちが自分の足りないところ、いたらないところを認めて神に向かう時、神の力が私たちの弱さに取って代わります。しかしあまりにもしばしば私たちは自分の弱いことを告白するのを恥じるのです。そして本当のありのままの自分を他人も神も受け入れてはくれないだろうと恐れるわけです。このような考えは、神の愛が働きの報酬として、あるいはそれに値するものであるから受けられるという誤った考えに根ざしているのです。

クリスチャンの将校がある日、私のところへ来て告白しました。自分の部下の前に完ぺきなイメージを示そうとする緊張感で、死にそうだというのです。私はこの将校のことはかねてから、その落ち着いた確信に満ちた態度のゆえに称賛していました。話しているうちに、この人がこれまでありのままの本当の自分を受け入れることができないでいたということを知りました。もし自分が気をゆるすなら、家族の者も部下も本当にがっかりすることになるだろうという恐れに彼は捕らわれていたのです。

私が彼に勧めたことは、今あるままに自分を造られたことを神に感謝するなら、その緊張から解放されるということでした。

「今のあるがままの自分をですか。恐れと緊張感だけのこの自分をですか」と彼は聞きました。私はうなずきました。

「宇宙を創造し、多くの星を天に創造された神が、あなたを創造された時にはあまり注意を払わなかったでしょうか。神がいかにあなたを愛しておられるかを示すために、あなたの人生にこのようなことが起こるのを許されたのです。このことで神が不注意であられたはずはありません」

将校は牧師室での二、三の集会に出席し、聖書を学びました。そして興味をもって「獄中からの讃美」を読みました。少しずつ彼は、自分の人生のために神が完全なご計画を持っておられることと、それまでの絶えまなき緊張が、神を信頼する者となるためにかえって役立っているということを、受け入れるようになりました。

彼は自分の心配や不安を神に讃美し始めました。そして長い間身についていた恐れが平安へとだんだんと変わっていきました。生れてはじめて彼は自分自身を喜ぶようになりました。

彼は言いました。

「弱さのままでは神は私を愛してくださることはないと考え、自分の弱さを隠そうとして、かえって真理から遠ざかっていく一方でした。私は自分の弱いことを認め、そのように私を造られたことを神に感謝することができるようになりました。するとすぐに、神の愛によって私のうちに変化が起こり、神からの平安に満たされるようになったのです」

ダビデは言いました。

「すべての人よ、神をあがめ、神をほめうたえよ。神はわれらの命をみ手のうちに保たれる。神はわれらの足を支えて道を歩ませられる。銀のつぼで精錬するように、主よ、あなたはわれらを火で浄化精錬されました。われらをあみで捕らえ、われらの背に大きな荷を置かれました。あなたは軍隊を送ってわれらのいためる体の上を乗りこえさせられました。われらは火の中、水の中を通りました。しかし、ついにあなたはわれらを富と大きな豊かさの中へと導かれました。……それは私が舌をもって讃美し、神に助けを叫び求めたからです。もし私が罪を告白しなかったなら神は聞かれなかったであろう。しかし神は聞かれた！　神は私の祈りを聞かれた！　神は私の祈りに心をとめられた！　全地よ、主に向かって歌え。栄光ある聖なるみ名をほめうたえ」（詩篇六六・八―一二、一七―一九、一―二〔リビング・バイブル〕）

ダビデは神と一つになることを願いました。また自分の中にあるけがれたものが神の愛の満たしを妨げ、さらにその愛が自分を通して流れ出るのを妨げるものであることを知っていました。それゆえにダビデは神の導きによって通らねばならない、精錬され、砕かれ、きよめられる過程を喜んで受け入れたのです。試練によって彼自身の心の隠された罪、告白すればいやされる罪があらわにされた時、彼は喜びました。神ご自身がその道をダビデに示しておられたのです。

「私はあなたの肉と血のいけにえを必要としない。私があなたから受けたいと願うものはあなたの真実の感謝である。苦しみの時、私に信頼してほしい。そうすれば私はあなたを救うことができる。また、あなたは私に栄光を帰することができる……私の律法をとなえることをやめよ。また私の約束を要求することをやめよ。あなたは私の訓練を拒み、私の律法を無視したからである。……しかし真の讃美が価値あるいけにえであって、これが本当に私に誉れを帰するものである。私の道を歩む者が主からの救いを受けるのである」（詩篇五〇・一三―一七、二二―二三〔リビング・バイブル〕）

神の道は讃美の道です！

第五章　雀《すずめ》が地に落ちる時

「二羽の雀は一アサリオンで売っているでしょう。しかし、そんな雀の一羽でも、あなたがたの父のお許しなしには地に落ちることはありません。また、あなたがたの頭の毛さえも、みな数えられています。だから恐れることはありません。あなたがたは、たくさんの雀よりもすぐれた者です」（マタイ一〇・二九―三一）

私たちの天の父はすべての雀の一羽一羽を残りなく見守り、私たちの頭の毛の数をも数えておられると、イエスは弟子たちに言われたのです。それでもなお、雀が地に落ちるという事実は変わりません。不幸が私たちにも起こります。無邪気な小さい子供が、酔っぱらい運転の車にはねられて死にます。愛する者がガンにおそわれ、熱心な祈りにもかかわらず死んでいきます。

神には、そうしようと思えば、雀の落ちるのを未然に防ぐことができたのでしょうか。悲劇を、子供の死を、ガンの広がりを未然に防ぐことができたのでしょうか。

神は、それを防ごうと思えば、そうできる力を持っておられると私たちの多くは信じています。では、なぜ神は善に対して悪が勝利していると思えるようなことを許しておられるのか。

この問題に私たちは直面するのです。

これについて私たちは、神が無感覚、無関心、不公平な方であるという結論を出すことがあります。あるいは、そのような災難の犠牲者が苦しむのは、本人の罪かだれかの罪のためであると考えます。この二つの結論は両方とも、聖書の「よき知らせ」すなわち福音とは全く相反するものなのです。聖書は、神は愛であり、神の恵みを受けることのできる資格は、私たちが善良な人間となることではないと教えています。

もし私たちが、あらゆる出来事に例外なく神が責任を取られるとは限らないし、また、神は人間の苦しみに無関心な場合もあると考えるなら、すべての事について神を讃美するということは不可能です。

聖書は悪を憎むように教えているのに、何かの悪を神に感謝するということは正しいことかという質問の手紙を私はしばしば受け取ります。そこでは次のような聖句が引用されます。「主を愛する者たちよ、悪を憎め」（詩篇九七・一〇）「悪を憎み、善を愛し、門で正しいさばきをせよ」（アモス五・一五）

これらの聖句の意味は、私たちが悪に賛成したり、悪を行ったり、悪を受け入れたり、悪に服したりすべきではないということです。

悪い状況のことで神を讃美するということは、私たちが悪に賛成するとか、悪を悪のゆえに受け入れるということを意味するのではありません。パウロは苦難をも喜ぶと言いました。それは苦難そのもののためではなく、苦難の中で、苦難を通して神が働いておられることを知っていたからでした。その意味においてのみ、私たちも悪い状況を神に感謝するのです。

神は愛です。神は悪を創造されたのではなく、自由意志をもち、悪をなす可能性を持つ人間を創造されたのです。悪は神に対する人間の反抗の結果として起こり、神の許される範囲でこの世に存続していますが、常に神の意志の支配下にあります。どのような悪も神の許しなしには私たちに近づき得ないのです。

悪が存在するゆえにこそ、神はひとり子をつかわし、十字架につけられたのです。それはみ子を信じるすべての人の中の悪の力を砕くためでした。

「悪人はよい人の前で、悪者は正しい人の門のところで身をかがめる」〔箴言一四・一九〕

私たち信仰者は世に勝つ力を与えられています。

「イエスがキリスト……であることを信ずる……者は、すべて神によって新しく生まれ変わった子どもです。……神から生まれたものはすべて〔どんなことがあっても〕、この世に勝っているからです。私たちの信仰、これこそ、この世に打ち勝つ勝利なのです」〔Iヨハネ五・一、四〔詳訳聖書〕〕

では、この信仰は何に基づいているべきでしょうか。世に勝つために何を信じるべきでしょうか。私たちはイエス・キリストを信じます。しかしそこには、それ以上のことがあります。イエス・キリストを本当に信じるということはまた、神が自ら言明される通りの全能の神であること、また神の知らないところで、あるいは神の意志の枠外で起こり得ることは何もないということを私たちが受け入れる事をも意味するのです。

もし私たちがこの事を自分自身で固く信じ、周囲に起こる明らかによくないと思える状況のことで神を讃美するならば、すべての困難な状況、すべての悲劇は神のみ手によって変えられていくのです。私はそれを確信しています。

私がこのように言いますと、多くの人は、自分の目によいと思える方向に神は状況を変えてくれるのだと早合点してしまうのです。しかし、私の言おうとしていることはそうではありません。

私たちが悪い状況や悪い状態を全く神に明け渡し、そのことを神に感謝し、神を讃美する時、神の力がその状況に根ざしている悪の力の企てと計画を変更し、無効にし、うち破り、神のもともとの完ぺきな企てと計画に合うものに変えてしまうのです。

私たちには神のご計画が分からず、それが自分の益となると判断できないかもしれません。しかしそのことで神を讃美する時、神の力が解放され、その状況が私たちの益となるように働くのです。

（私たちの善悪の観念がしばしばゆがめられているのは悲しいことです。例えば、ある子供が百万ドルを相続することになると、「うらやましい！」と私たちは言います。しかし、もしある子供が死んで天に帰れば、「お気の毒に！」と言います。しかし、百万ドルの相続財産は悲劇に通じる可能性があり、天国に帰ることは益となることだけです）

もし私たちがすべての事において神を讃美するなら、ある雀《すずめ》たちは落ちるのをまぬがれ、ある子供たちは死なないですみ、あるガンは消滅してしまうと私は信じます。けれども、それが神を讃美する動機となってはなりません。私たちが神を讃美してもなお、ある雀たちは落ちるでしょうし、ある子供たちは死ぬでしょうし、ある人々はガンで亡くなるでしょう。このような場合にも讃美がなされねばなりません。

私たちの人生によくない事を起こされる神を讃美し、そのことで神がご計画と目的を持っておられることを信じるようにと私たちは教えられています。しかし、次に私たちは何をなすべきでしょうか。悪に直面する時、私たちはそれに対してどんな風に反応するでしょうか。この点に関し、クリスチャンの中にはあいまいな考えが多分にあります。

イエスは弟子たちに「悪い者に手向かってはいけません」（マタイ五・三九）と言われました。ところが、神殿の庭で商売人たちが牛や羊や鳩を売ったり、両替えしているのを見た時、彼は「細なわでむちを作って、羊も牛もみな、宮から追い出し、両替人の金を散らし、その台

を倒された」のです。〔ヨハネ二一・一五〕

ここにイエスがはっきり悪に手向かう行動をとられたのを見ます。しかし、ゲッセマネの園で、自分を捕らえにきた人々に彼は手向かうことをされませんでした。そして剣で彼を守ろうとした弟子をとがめられたのです。

ですから、悪の力にはっきり手向かう行動をとるように神が私たちを導かれる時があり、また抵抗せずに従わされる時があるのです。どの場合にどの態度をとるべきかをどうして知るのでしょうか。

ここで私たちの唯一のよりどころは、悪に打ち勝つ力を私たちは自らの中に持っていないという事を知ることにあると思います。悪に打ち勝つ力は常に神ご自身です。私たちに対する神のメッセージの本質は、悪に打ち勝つ力の源泉である神に私たちの注意を集中することを学ばなければならないということです。直面している悪の方に注意を向けてはならないのです。神は私たちのその都度の行動を導いてくださいます。

パウロはローマの人たちに言いました。

「悪に負かされてはいけません。善をもって悪に勝ちなさい〈悪を征服しなさい〉」〔ローマ一二・二一〔詳訳聖書〕〕

イエスが逮捕され、十字架につけられた時、この世を支配する力を打ち破ったのは、悪に対する主の無抵抗の行為そのものだったのです。

悪に対するには、私たちの考えているような意味で悪に抵抗するよりも、もっとよい道があることをイエスは示されたのです。私たちの考える抵抗は、力には力をという同種の対抗なのです。ですから、私たちは立ち向かってくる悪い状況に対して、その中にある神の臨在と導きには応じようとはせず、むしろその状況に直接対抗することになるわけです。

私たちの行動が、状況に対する神の力と完全な支配を信じる信仰によってではなく、その悪い状況そのものによって促される時があります。そのような場合はいつでも、神の力によって悪に勝つというよりは、むしろ悪に勝ちをゆるしているのです。

イエスは平和主義者ではありませんでした。彼が「悪い者に手向かってはいけない」と言われたのは、私たちが悪に手向かう代わりに、悪に対する神の力を積極的に認め、また、場合によっては神はご自身の善なるご計画をなしとげるために、悪い状況を用いられるということを認めるべきであるという意味なのです。

このような場合、悪に手向かうことが、神の完全なご計画を邪魔することになります。ゲッセマネの園で、もし弟子たちが、イエスの逮捕を妨害できたとしたら、それは神のご計画に干渉したことになったでしょう。弟子たちは自分たちが悪に打ち勝っているように見えたことでしょうが。

イエスが来られたのは、悪に打ち勝つためであって、負けても泣かないでいることを教えるためではなかったのです。

ヤコブもペテロも共に、悪魔に立ち向かって、堅く信仰に立つようにと教えています。彼らのメッセージの文脈を見れば、イエスにも、パウロにも完全に一致していることは明らかです。

「ですから、神に従いなさい。そして悪魔に立ち向かいなさい。そうすれば、悪魔はあなたがたから逃げ去ります。神に近づきなさい。そうすれば、神はあなたに近づいてくださいます」（ヤコブ四・七―八）

「身を慎み、目をさましていなさい。あなたがたの敵である悪魔が、ほえたけるししのように、食い尽くすべきものを捜し求めながら、歩き回っています。堅く信仰に立って、この悪魔に立ち向かいなさい」（Ｉペテロ五・八―九）

サタンの力に対する唯一の防御は神の力です。その神の力が解放されて働くのは、周囲の状況の細かいすべての事を神が完全に、しかも愛をもって支配しておられるという信仰に私たちが堅く立つ時なのです。その状況を神に讃美し、感謝することによってこの信仰は表明されるのです。

私たちは目をさまして注意深く、敵の攻撃を見張るようにと教えられています。しかし、その注意はサタンに集中されるのではなく、神に集中されねばなりません。私たちは敵に気づいていなければなりません。しかし、自分を守ることができるのは、敵を見張ることではなく、神の力を知ることにあるのです。

もし私たちが、恐れと疑いと敵がそこにいるという意識に心を奪われてしまうなら、神の力がその状況に及ぶことを妨げることになります。悪を正しい位置――神の強大な支配下にあるという――において見ることを学ばねばなりません。そして、その神の力によって神の完ぺきなご計画に従ってすべての事が益とされるように私たちはゆだねなければなりません。

私たちのなすべきことは、信仰に堅く立ち、聖霊の促しに従うことです。聖霊がその状況における私たちの外的行動を導かれるのです。内的には、私たちのなすべきことは、常に神に目を向け、すべての事において神の恵みと憐れみを感謝して神を讃美することです。

堅く信仰に立つということは、私たちの感情や外的状況とは無関係に、神がそれに係わりをもっておられるという言葉を自分の意志で受け入れる決断をしなければならないということです。

神は暴風、地震、嵐などのすべてに、また、戦争、ききん、疫病、誕生、死、野のすべての花、すべての雀《すずめ》、また私たちの頭の毛まですべて係わりをもっておられると聖書は断言しています。私たちはこれらすべてのことにおいて常に、神を信じるかどうかを決断しなければならないわけです。

ある人たちは言います。「私は、神がある事柄には責任をもたれることは分かります。しかし、すべての事に係わりをもたれるということは受け入れることができません」

この考えは神を讃美するための適切な基盤とは言えません。また、神のみ手を見ることを拒んでいるその特別な領域においては、祈りが答えられたり、事柄を変える神の力が現わされるのを見たりすることは決して期待できません。

そこに神のみ手を認めがたいという領域について聖書が語るところを見てみましょう。

ある人たちが今日の世界について不平を言うのと同様に、ハバククは自国の状態について不平を言った預言者でした。

「主よ、私が助けを求めて叫んでいますのに、あなたはいつまで、聞いてくださらないのですか」

とハバククは叫びました。(神が聞いておられることをハバククは考えてもみなかったのです。)今日も、このハバククに共鳴するクリスチャンたちがいるのではないでしょうか。

「私があなたに叫んでもむなしく、答えがありません。『助けてくれ! 人殺しだ!』と私は叫びますが、誰も救いに来ないのです。私はこの罪と悲しみを周囲に永久に見なければならないのですか。どこをみても圧制と収賄が行われ、いさかいと争いを好む人々がいます。法律は無力となり、法廷でも正義は行われていません。邪悪な人々が正しい人々よりはるかに多く、わいろと策略がいたる所に見られるからです」（ハバクク一・二―四〈リビング・バイブル〉）

あなたは二十世紀のアメリカを見て、同じようなことを口にしたことはありませんか。私はあります。

神は預言者ハバククに答えられました。

「驚き、驚け。わたしは一つの事をあなたがたの時代にする。それが告げられても、あなたがたは信じまい。見よ、わたしはカルデヤ人を起こす。強暴で激しい国民だ。これは自分のものでない住まいを占領しようと、地を広く行き巡る」（ハバクク一・五―六）

世界を征服する強暴で激しい国民を神ご自身が起こすと言われたのです。この時から今日に至るまで、世界の舞台に現われてきた軍隊の中で、神に起こされなかった軍隊があったでしょうか。

カルデヤ人が諸民族を征服するのを神はただ許されたと言うのではなく、神が彼らを起こされたのです。ナポレオンはどうでしょうか。ヒットラーはどうでしょうか。ソ連と中国の共産軍はどうでしょうか。彼らを起こされたことを私たちは喜んで神に感謝しますか。神は私たちの益のためにそれをなしておられるというみ言葉を受け入れることができますか。そのことで正直に神を讃美することができますか。

ハバククは、神のなそうとしておられることを聞いた時、非常なショックを受けました。
「わが神、主よ。わが聖なる神よ。永遠なるあなたの、このようなご計画は、私たちをすっかり滅ぼしてしまうことなのですか。そんなはずはありません！　われらの岩なる神よ。あなたは恐るべき罪のゆえに私たちを懲らしめ、正すために、このカルデヤ人を起こされたのです。私たちは悪い人間です。しかし彼らは私たちよりももっと邪悪な人間です。どんな罪をも憎まれるあなたは、彼らが私たちを滅ぼしつくす間、手をこまねいて見ておられるのですか。邪悪な人間が、それよりはましな人間を滅ぼす時、あなたは沈黙しておられるのですか」（ハバクク一・一二―一三〔リビング・バイブル〕）
なぜ、悪い残酷な人間が罪のない者を傷つけるのを神は許されるのかと、思われたことはありませんか。私はあります。
ハバククは続けます。
「私たちは捕らえられ、殺されるべき魚にすぎないのですか。……私たちはカルデヤ人のつり針にかけられ、彼らの網でひき上げられねばならないのですか。その時、彼らは喜ぶのです。……彼らに永久にこのような事をさせておかれるのですか」（ハバクク一・一四―一五、一七〔リビング・バイブル〕）
神はハバククの問いを無視されず、その答えを、全世界が見て記憶するように書き記せと命じられました。

「私が計画するこれらの事は今すぐ起こるのではありません。この幻が実現する時が徐々に、間違いなく、確実に近づいています。遅いと見えても絶望してはいけません。これらの事は必ず起こるからです。ただ忍耐強くありなさい。一日たりとも遅れることはありません」（ハバクク二・三〔リビング・バイブル〕）

神は決して遅れることはないのです。神のタイミングは完ぺきです。私たちの見積もりがまちがうので、常に気をもみ、いらだつことになるのです。

神はハバククに言われました。

「邪悪な人々はただ自分自身に信頼しています〔このカルデヤ人のように〕。そして失敗します。しかし正しい人は私に信頼し、そして生きるのです」（ハバクク二・四〔リビング・バイブル〕）

カルデヤ人は結局滅亡することになるのです。彼らは目の高慢にあざむかれ、自らの貪欲《どんよく》にわれを忘れます。その悪の結果が彼らに追いつく時、光栄と見えたものは恥辱に変わるのです。そしてついに全地がいたる所で神の栄光に気づく時が来ます。

今や、ハバククは神のご計画の偉大さを知りました。そして、神を讃美し、勝利の叫びをあげました。

「主よ、今や私はあなたの知らせを聞きました。あなたがなされようとされる恐るべき事のゆえに畏敬の念をもってあなたを礼拝します。……私は神が荒野を横切って行かれるのが見える。……神の輝かしい光輝が大空と地を満たし、神の栄光が天に満ち、地は神をたたえる讃美で満ちあふれている。主はなんとすばらしい神であろう。そのみ手から輝かしい光がひらめき流れる。神はその恐るべき力を喜ばれる。そのみ前を疫病が行進し、すぐ後には天災が従う。神は立ち止まられる。しばらくじっと立ち、地を見つめられる。それから諸国を震い、永遠の山々を砕いて四散させ、丘を平らかにされる。神の力は常に変わることがない」（ハバクク三・二―六〔リビング・バイブル〕）

ハバククは自分の見た幻によって畏敬の念に満たされました。彼は、火事、地震、疫病、ききん、戦争をも神が支配されることを、もはや疑わない者となりました。ハバククの口は恐怖でふるえ、足は力を失い、恐れでわなないていました。しかし、彼は神に向かって讃美をしました。

「たとい、いちじくの木はみな枯らされ、花も実も残されず、オリーブの収穫もみな失敗し、畑は不毛であろうとも、また、羊の群は牧場で死に、牛小屋は空になろうとも、なおも私は主を喜ぶ。わが救いの神によって私は喜ぶ。主なる神はわが力である。私に鹿のように走る力を与え、山々をこえて安全に私を導かれる」（ハバクク三・一七―一九〔リビング・バイブル」)

ハバククは、神が将来について示された幻をみて、恐れおののいたのです。しかし彼は、神が愛、正義、あわれみの神であることをもまた悟ったのです。そしてイスラエルのための神の完ぺきなご計画のゆえに神を讃美しつつ、自分自身を全く神のみ手にゆだねることをためらわなかったのです。

私たちに対して神が命じておられることもまた、神を讃美することです。たとい神のご計画の外的状況に直面して、不安で唇はふるえ、恐れ、おびえるような状態にあってもです。

預言者イザヤを通して、神は、多くの国々を征服し、滅ぼすためにペルシャの王、クロスを起こすことをご自分の民に知らせました。クロス王は神を知らない人間でした。しかし、神は捕囚のユダヤ人をバビロンから連れ戻し、神殿とエルサレムを再建させるために彼を用いようとされたのです。

なぜ神は、ご自分の目的遂行のために、異教の王クロスを選ばれたのでしょうか。そのような疑問を持つ人々に神は答えられました。

「私は光をつくり、暗きを造る。私はよい時勢と悪い時勢をおくる。私、エホバがこれらのことをなす者である。……自らの創造者と争う者はわざわいである。つぼはそれを造る者と論争するであろうか。粘土はそれを造る者と論争して、『やめなさい。あなたの造り方はまちがっている』と言うであろうか。あるいは、つぼがその造り手に、『あなたは不器用だ』と叫ぶであろうか。……エホバ、イスラエルの聖なる神イスラエルの創造者は言う。私が何をするのかを尋ねるいかなる権利をあなたは持っているのか。私の手のわざについて私に指図するとは一体あなたは何者か。私は大地を造り、そこに人を創造した。私の手をもって天をのべ、何万という星を指揮した。私の正しい目的達成のために、私はクロスを起こした。私は彼のすべての道を指図しよう……」（イザヤ四五・七、九、一一―一三〔リビング・バイブル〕）

私たちが周囲のすべての状況に神のみ手を見ることを拒む時、それは、つぼがそれを造った者と争うことと同じなのです。私たちは言います。「私が神だとしたら、あんな風にはしないだろう。私ならペルーに地震を起こしたり、あの小さな女の子を白血病で死亡させたり、あの牧師が講壇から間違ったことを大声で語って、だまされやすい聴衆を迷わせたりすることを決して許さないだろう。……また、ヘロインの売人が子供たちを誘惑するのを私なら決して許さないだろう」

神は、私たちがこのように感じることも、また私たちの理解がいかに狭いかも知っておられるのです。神は預言者イザヤを通して言われました。

「わたしの思いは、あなたがたの思いと異なり、わたしの道は、あなたがたの道と異なるからだ。――主の御告げ。――天が地よりも高いように、わたしの道は、あなたがたの道よりも高く、わたしの思いは、あなたがたの思いよりも高い。雨や雪が天から降ってもとに戻らず、必ず地を潤し、それに物を生えさせ、芽を出させ、種蒔く者には種を与え、食べる者にはパンを与える。そのように、わたしの口から出るわたしのことばも、むなしく、わたしのところに帰っては来ない。必ず、わたしの望む事を成し遂げ、わたしの言い送った事を成功させる」（イザヤ五五・八―一一）

神のご計画についての疑いと失望は神に対する不信から起こります。神が私たちのために最善のはからいをもっておられることを確信していないからです。私たちが疑問に思うことは、子供が酔っぱらい運転の車にはねられて死ぬような時、そのドライバーが自分は神を必要としている人間であると悟るようになるために、無邪気な子供が犠牲とならねばならないのかということです。神は、その子供や泣き悲しむ両親以上にその酔っぱらいの運転ドライバーの魂を愛しておられるのでしょうか。

私たちはみなこのように心の中で、くり返し思いめぐらし、果てしない疑問を抱きます。これらの疑問に悩まされている間は、私たちに平安はなく、状況は変わらないままなのです。

このジレンマからぬけ出す唯一の道は、信仰によって神のみ言葉を受け入れることです。私たちの考え、感じ、また見るところに反して、信仰に立つことです。神のみ言葉は、神が私たちを愛しておられるということ、また、無邪気な子供の死が、その影響を受けるひとりひとりに対する神の、愛に満ちたご計画に合致しているということを教えています。

私たちに対する神の愛は、信仰によってのみ受け入れることができるのです。それは、聖書にある他の約束もすべて信仰によって受け入れられるのと同じです。私たちが神の愛を信じる決意をしなければならないのは、神がそのように言われるからです。それは愛されていると感じるか否かには無関係なのです。

聖書の「よい知らせ」とは、神が私たちを愛しておられるその愛が、いかなる人間の愛にもまして善意と寛容と忍耐の愛であり、私たちのよろこびと幸せを真に考えてくれる愛であるということです。神は私たちを愛し、私たちの人生のために完ぺきなご計画を持っておられるのです。神は私たちのために死んでくださった御子をつかわされたのです。それは苦しみに満ちたこの世の中で、豊かなよろこびと平安にあふれた新しい命を私たちに備えるためでした。

私たちのための、またこの世のための神のご計画の壮大な広がりを、人間の限られた理解力をもって理解することは不可能です。神がその計画遂行のために、地震や戦争や苦難や死を用いられることを私たちも、ハバククと同じように驚きます。

しかし神のご計画は完ぺきです。それは、人類の反逆と邪悪がはびこったこの地上での唯一の有効な計画なのです。歴史を通じて、私たち人間が平和をつくり出そうとして、その結果生じてきた血なまぐさい混乱に目をとめてください。神の思いは私たちの思いよりもはるかに高く、神の見られるところは私たちの見るところよりもはるかに高いのです。それゆえに、神のご計画は私たちの思いとは違っていると、イザヤに教えられたのです。

神はただ私たちの最善を願っておられます。

「まことに、あなたは喜びをもって出て行き、安らかに導かれて行く。山と丘は、あなたがたの前で喜びの歌声をあげ、野の木々もみな、手を打ち鳴らす。いばらの代わりにもみの木が生え、おどろの代わりにミルトスが生える。これは主の記念となり、絶えることのない永遠のしるしとなる」（イザヤ五五・一二―一三）

神は私たちにあふれる祝福を与えようと願っておられます。神はすべての点で、日常生活の事細かなことにいたるまで、私たちのことを配慮したいという願いをもっておられます。それなのに私たちは自分ですべての状況を、つまり神のご計画の外面的なところを見ようとし、またそこにどういう意味があるのか、どういう仕方でそれらが益とされてくるのかと思いめぐらすのです。しかし、神が私たちに命じておられることは、神に目を向け、神に信頼することです。

神のご計画が分かり、納得できたうえでなければ、あえて自分を神にゆだねることはできないと言い張る間は、知性が神との間の障害となっているわけです。

初めて神に近づく時と同様、ここでも私たちは知性によって理解する前に、信仰によって神のみこころとご計画を受け入れねばなりません。神が何をなそうとしておられるのかを知りたい、理解したいという、私たち自身の欲求をあえて横において、神のみ言葉に信頼する決意に意志のウエイトをおかなければなりません。

私たちに対する神のご計画は良い計画なのです。私たちはそのことについてのみ言葉に信頼できるでしょうか。

ヨブに対する神のご計画は良い計画でした。しかし、それはヨブの信仰を極限まで試し、ヨブの知性を当惑させた計画でした。

ヨブは善良な人間でした。神は彼について言われました。

「彼のように潔白で正しく、神を恐れ、悪から遠ざかっている者はひとりも地上にはいない……」(ヨブ一・八)

そこでヨブに何が起こったのでしょうか。彼は持っていたすべてのものを失いました。家畜、農作物を失い……またある日、家の屋根が落ちてきて子供たちが死んだのです。

もしそのような事があなたに、あるいはあなたの隣人のだれかに起こったとしたら、あなたは、それを神からのことだと言われるでしょうか。

ヨブの場合にはそれはサタンでした。しかし、それはどのようにして起こったでしょうか。サタンは神のもとに来てヨブに苦難をもたらすために神の許可を求めています。

私たちの人生というドラマの中で、サタンはその役割を演じる俳優であるかも知れません。しかし神は依然として監督なのです。

ヨブの反応はどうだったでしょうか。彼は神のみ前で地にひれ伏し、悲しんで上着を裂き、言いました。

「私は裸で母の胎から出て来た。また裸で私はかしこに帰ろう。主は与え、主は取られる。主の御名はほむべきかな」（ヨブ一・二一）

しかしこれがヨブの苦難の終わりではありませんでした。サタンは神のもとに来て、もう一度ヨブを苦しめるための許可を求めました。神はその許可を与えられたのです。

今度は、ヨブは全身腫物で苦しめられ、見るに耐えがたいほど、惨めなひどい姿になりました。彼の妻でさえ、神を呪って死んだほうがましだと言いました。隣人たちも、それまで彼を尊敬していましたが、今や彼をあざけって顔をそむけてしまいました。三人の親友が来て、この苦難は彼の罪によって引き起こされているのだと言い、悔い改めを勧めました。

ヨブは、この不幸をもたらしたのは神であると信じて疑いませんでした。彼は憐みを叫び求めました。けれどもこの不幸を引き起こしたのは彼の罪ではないと確信していました。ヨブは自分が義しい人間であることを心の中で知っており、神に信頼していたのです。

「見よ、神が私を殺しても、私は神を待ち望み、なおも、私の道を神の前に主張しよう」（ヨ

ブ一三・一五）

神が責任を持たれるというヨブの信仰は決してゆるぎませんでした。しかし彼の知性は神の目的と方法について神に問うたのです。ヨブのこれらの問いは、私たちもみな一度は口にするものです。

「神さま、どうして貧しい人々がいるのですか。どうして罪なき者の苦しむのをお許しになるのですか。どうして悪い人間が幸せに暮らしているのですか。どうして私のお願いに耳を傾けてくださらないのですか。神さま、苦しみが終わり、みもとに休むことができるように、どうして私を死なせてくださらないのですか」

神がヨブに答えられた時、それは、父が子に対して言う厳しい叱責の言葉でした。

「私が地の基を据えた時、あなたはどこにいたか。分かるなら言いなさい。……あなたは命じて朝をよび起こし、暁を東の空に上らせたことがあるか。……光の分岐点へ行く道を知っているか。東風の帰っていく所はどこか。……あなたは数々の星をひきとめることができるか。……あなたは四季を正しい順序で巡らせることができるか。……直観力や本能を与えたのはだれか。野生のロバを野生にしたのは誰か。……あなたは馬に力を与え、馬の首に風になびくたてがみをまとわせたことがあるか。……わしが高く空を飛び、高い崖の上に巣を造るのはあなたが命じたからか。……あなたはなおも全能者と論じたいのか。それともゆだねたいと思うのか。神を批判する者よ、これらに答弁できるか」（ヨブ三八・四、一二、二四、三一―三二、三六、三九・五、一九、二七、四〇・二〔リビング・バイブル〕）

ヨブは答えました。

「ああ、私はつまらない者です。あなたに何と口答えできましょう。私はただ手を口に当てるばかりです。一度、私は語りましたが、もう口答えしません。二度と、私はくり返しません」（ヨブ四〇・四―五）

神はさらに続けて、ご自身の被造物のリストをあげ、さまざまの動物、その習性や力、すべての人間に及ぶ神の力などについて次々と印象深く語られました。

「だから、だれがいったい、わたしの前に立つことができよう。だれがわたしにささげたのか、わたしが報いなければならないほどに。天の下にあるものはみな、わたしのものだ」（ヨブ四一・一〇―一一）

ヨブは答えました。

「あなたには、すべてができること、あなたはどんな計画も成し遂げられることを、私は知りました。……まことに、私は、自分で悟りえないことを告げました。自分でも知りえない不思議を。……私はあなたのうわさを耳で聞いていました。しかし今、この目であなたを見ました。それで私は自分をさげすみ、ちりと灰の中で悔い改めます」（ヨブ四二・二―三、五―

六）

　ヨブの苦難の理由を全く誤解していた三人の友人たちにも主は厳しく語られました。主は、彼らが誤っていたことを告げ、全焼のいけにえを捧げ、ヨブに祈ってもらうよう指図されたのです。

　三人の友人たちは命じられた通りを行いました。そして「ヨブがその友人たちのために祈ったとき、主はヨブを元どおりにし、さらに主はヨブの所有物をすべて二倍に増された」のです。（ヨブ四二・一〇）

　ヨブが自分を不当に責めていた人々を祝福した時、神はヨブを祝福されたのです。このことに注目することは意味深いことです。ヨブは教訓を学びました。天地宇宙の神の働きについて、二度とそれを問題にすることはすまいとヨブは決意したのです。これからは、自分の生まれながらの感覚だけで見、聞きするのではなく、新しい霊的な洞察によって見、聞きすることを彼は決意したのです。

　神はヨブのために完全なご計画をもっておられました。彼の試練はサタンによって起こされました。しかし、それはヨブにより大きな信仰と知恵とを与えるため、また神がいかに偉大であって愛のお方であるかを示すために神の許されたことでした。

　神はモアブの女、ルツのために完全なご計画をもっておられました。それにもかかわらず、そと目には全く不運が彼女につきまとっているかのようでした。最初、彼女は夫を失いました。次に、夫の母とともにベツレヘムに帰りました。彼らは非常に貧しく、そのためルツは裕福な人の畑へ行って、収穫の後に貧しい人たちのために残されたものを拾い集めるようなことをしなければなりませんでした。これらの事はすばらしい計画が成就していることには思われません。しかし、ルツは神に信頼していました。畑で彼女は夫の親族にあたる裕福なボアズに出会ったのです。ボアズはルツを愛するようになり、二人は結婚しました。神のご計画が遂行されたのです。そして、ルツはダビデ王の祖母となったわけです。

また、ヨセフのために神の完全なご計画はどうだったでしょうか。ヨセフがエジプトで王の右腕とも言うべき有能な人物となるように神は計画されました。神はイスラエル民族をききんから救うため、ちょうど適当な時に彼を用いようとされたのです。

ヨセフは兄たちの手で、エジプトへ行く途中の隊商に奴隷として売られました。それは神のご計画の第一歩でした。しかし、兄たちは、自分たちが神の目的に役立っているとは少しも知りませんでした。彼らは弟ヨセフを憎み、ただ彼に危害を加えようと思っただけでした。

後にヨセフはエジプトのある有力者の信頼のおける仕え人になり、あたかも社会的昇進の途についたかに見えました。ところが、主人であるそのエジプトの有力者の妻に乱暴しようとしたと偽りの訴えをされ、投獄されました。もし、このような事があなたの身に起こったとしたら、あなたは悪魔が勝利したと思われるでしょうか。それとも、それを神の完全なご計画の一部として受け入れられるでしょうか。

神は、ほかならぬその牢獄の中で、ヨセフが王の大臣と出会って、夢の解きあかしをするように配慮されたのでした。ヨセフは「私を釈放するよう王に懇願してください」とその大臣に頼みました。大臣はそれを約束したのですが、すっかり忘れてしまいました。それでヨセフはさらに二年間牢獄で過ごすことになりました。この事はたしかに運命の不幸な気まぐれに思えました。しかし神のタイミングは完ぺきだったのです。王はだれも解きあかしのできない不思議な二つの夢を見ました。突然その忘れっぽい大臣は、二年前牢獄で出会ったヨセフのことを思い出したのです。ヨセフは王の前に呼び出されました。また、神は王の夢の意味をヨセフに告げられました。それは七年の豊作のあとに七年のひどいききんが続くということだったのです。王は夢の解釈を受け入れ、その豊作の七年間に国中の穀物を集めて貯え、後に続く凶作の七年間に食糧を分配するその責任者としてヨセフを任命しました。

ヨセフの兄たちがエジプトへ穀物を買いに来た時、彼は自分が弟ヨセフであることを明らかにしました。すると、彼らは恐れと自責の念に打たれてその前にひれ伏しました。しかしヨセフは言いました。

「今、私をここに売ったことで心を痛めたり、怒ったりしてはなりません。神はいのちを救うために、あなたがたより先に、私を遣わしてくださったのです。……だから、今、私をここに遣わしたのは、あなたがたではなく、実に、神なのです。……あなたがたは、私に悪を計りましたが、神はそれを、良いことのために計《はか》らいとなさいました。それはきょうのようにして、多くの人々を生かしておくためでした」（創世記四五・五、八、五〇・二〇）

神はそれを良いことのための計らいとされたのです。聖書が言うように、神はあらゆる事を私たちの益となるように働かせることができるお方であるということは、しばしば私たちの認めるところです。ところが私たちは、自分に起こるどのようなことも神がそれを最もよいようにしてくださる、つまり中古品の恵みとしてくださると考えるわけです。

しかし、神はそのような受身の側におられるのではありません。悪い状況から最善をつくり出すということに神は制約されているのではありません。イニシアティブ（主導権）は神がもっておられます！　この事を私たちは常に思い出す必要があります。

ステパノが石で打ち殺された時も、神がイニシアティブをもっておられたのです（使徒行伝七章）。ステパノは聖霊に満たされ、忠実に主に仕えた人でした。彼が石で打ち殺された時、それを見ていた人々の中に、怒りに燃えた若い迫害者、タルソのサウロもそこにいたのです。

その状況に完全に神が係わりをもっておられたということをステパノが信じていたことは明らかです。というのは投石をあびながら、彼はひざまずき大声で叫びました。

「主よ。この罪を彼らに負わせないでください」それから息が絶えました。迫害する者たちは彼に悪を行ったとは言え、神はそれを益とされるということをステパノは知っていたのです。

あなたの知る限りで最もキリストの姿に近いクリスチャンが殺害されることに対して、あなたはそれを神に感謝できるでしょうか。また、その外見上の悲劇を、神が何かの偉大なる善のために用いておられるのだと信じる事ができるでしょうか。

タルソのサウロはダマスコ途上での目の見はるような回心の体験後、使徒パウロになりました。彼もまた、福音を宣べ伝えてゆくために、自分の受けるべき、不幸と思えることをいろいろ経験しました。

パウロとシラスがピリピの町に来た時のこと、二人は市民に悪影響を及ぼすという罪で告訴され、裸にされ、血が流れるまで背中を木のむちで打たれました。それから足かせをはめられ、刑務所の一番奥の牢に入れられました。（使徒一六・二〇―二四）

しかしパウロとシラスは、サタンが勝利したとも、神が自分たちを見捨てられたのだとも考えませんでした。彼らはピリピで福音を宣べ伝えるために神が自分たちを召されたこと、また、自分たちに対する完全な計画を進めるために、すべての事の中に神が働いておられることを固く信じていたのです。ですから、彼らは泣き悲しんだり、不平を言ったり、主に助けを求めてわめき叫んだりはしませんでした。彼らは痛む背中に血がかたまったままで、うずく足を伸ばす事もできず、その牢の中に座っていました。そして、神に向かって祈り、讃美をささげていたのです。

真夜中に突然、大地震が起こりました。獄のドアが開き、鎖が囚人たちのからだから落ちてしまいました。看守は、囚人がみな逃げたと思って不安になり、自害しようとして剣を抜きました。しかしパウロは大声で、囚人はみなそこにいることを知らせました。看守は駆け込んで来てパウロとシラスの足もとにひれ伏し、「救われるためには、何をしなければなりませんか」と求めたのです。

この看守と彼の全家族を初めとして、ピリピの人々は福音を受け入れました（使徒一六章）。神はピリピの町のために、完全なご計画を持っておられたのです。神はパウロとシラスをご自身の証人とするためにそこに送られました。また、この二人は、神が自分たちには予想もつかない状況を用いられるとしても、そのご計画を実現しておられるのだと信じる信仰を持っていたのです。

私たちは常に、神がしようとしておられることを予想しようとします。神がある状況を一度こういうやり方で取り扱われたということで、同じような状況をすべて同じように取り扱われるものと思い込んでしまいます。しかしパウロはいつも牢獄から劇的に救い出されたわけではありません。時には数年間もそこにいなければなりませんでした。

パウロは多くの苦難を経験しました。石で打たれ、死んだと思われて放置されたり、難船したり、蛇にかまれたり、病気や迫害に苦しみました。しかし彼は、神が自分の生涯のあらゆる出来事において導きをやめられたと考えたことは一度もありませんでした。彼はその苦難をすべて喜びとし、神を讃美する機会としました。パウロは苦難が自分のために役立っていることを知っていたのです。

数年間私は大変つらい頭痛に苦しみました。神のいやしの約束にしがみつきながら、苦しみの理由を知る糸口を求めて、聖書を調べました。しかし、その糸口も発見できず、また苦しみも去りませんでした。

その間、私は疑いに悩まされていました。なぜこのような苦しみが私に起こるのかを、くり返しくり返し考えるにまかせていました。いろいろな考えが頭にうずまいていました。「なぜ神はおまえの苦しみのために何もしてくれないのか。おまえは人のためによく祈っている。その人たちはいやされている。しかし自分の苦しみは依然としてなくならないではないか」

眠られぬ長い夜の間、苦しみのたうっている時、次のような思いが執ように起こってきました。

「おまえはなんと惨めな姿ではないか。もし神がおまえの苦しみを知っている義なる神であるなら、おまえが自分の命を断つとしてもおまえを責めることはなさらないだろう。ただそのやり方には気をつけたほうがよい。そうすればだれも自殺とは思わないだろう。だれも傷つくことはない。そしておまえも苦しみから解放されるだろう……」

ヨブの友人たちの議論と同様、これらの思いは、私たちがひどく苦しんでいる時には、いかにも道理にかなっているように聞こえます。しかし、もちろんこれは偽り惑わす者、サタンからきた一連の惑わしなのです。また、このサタンは神の許しなくしては私たちに近よって来れないのです。

私たちが神の方に近づき、真理のみ言葉に立つ時、訴え苦しめる者は逃げ出さなければなりません。

私の頭痛はすぐにはなくなりませんでした。しかし神が私の益のためでなければ、何事も私の身に起こるのを許されないのだということを私は信じる決心をしました。頭痛も私の益のためでなければならなかったのです。私はそれが起こる度ごとに、神を讃美して感謝することを始めました。そうしているうちに、すばらしい事がうちに起こり始めました。不思議と思われるかもしれませんが、その苦痛が私の益となり始めました。頭が痛ければ痛いほど、ますます私は感謝に満たされました。そしてその感謝とともに、私の全存在を通してひろがる喜びの新しい深さを経験したのです。

リチャード・ウォムブランドは、共産主義国の牢獄でうけた肉体的苦痛と精神的苦悩が、自分の耐え得る極限を越えた時、何が起こったかを私たちに語っています。三年間も独りで監禁され、拷問されたために、彼は発狂しそうになっていました。しかし、忍耐の極限に達した時、リチャード・ウォムブランドはなおも神に信頼し、神の絶えまない憐みと愛のゆえに神を讃美したのです。その時、喜びがいかに彼の全身にひろがり、独房に満ちあふれていたかを、語っています。

神は彼の苦難をよい事のために意図されたのです。リチャード・ウォムブランドの働きは、彼のこの経験のゆえに今や全世界に影響を及ぼしています。

詩篇の作者は歌いました、「神、その道は完全。主のみことばは純粋。主はすべて彼に身を避ける者の盾」（詩篇一八・三〇）

この神の道は激しい戦いの中を、荒れ狂う嵐の中を、あるいは火炎や洪水の中を通っていく道であるかも知れません。しかしいたる所で神の臨在は私たちとともにあり、神のみ手が私たちを導くと聖書は教えています。

どうして私たちはそれを疑うことができるでしょうか。神は兵士と武器を造り、嵐を、火炎を、洪水を造られた方です。すべては神の完全な支配と権威の下にあるのです。

イエスが弟子たちとともに舟に乗っておられた時、その湖になぜ神は嵐を起こされたので

しょうか。それはただ、嵐を支配される神の力と権威が実証されるためでした。（マルコ四章）

何故、神はある人を生まれながらの盲人にされたのでしょうか。

ある時、イエスと弟子たちは生まれながらの盲人に出会いました。弟子たちは尋ねました。『先生、彼が盲目に生まれついたのは、だれが罪を犯したからですか。この人ですか。その両親ですか』イエスは答えられた。『この人が罪を犯したのでもなく、両親でもありません。神のわざがこの人に現われるためです……』」（ヨハネ九・二―三）

弟子たちはこの盲人を人間の推理と理解の観点から見ました。イエスはその状況が神の完全な支配と力のもとにあるのを見られたのです。

見る観点の違いから大きな相違が出てきます。

「獄中からの讃美」を読まれた方々から何百通もの手紙をいただきました。そのうちの七十五パーセントが、困難な状況のゆえに神を讃美し始めて、驚くべき結果が現われたという報告でした。残りの二十五パーセントは、同様に困難な状況なのですが、そこに神が働いておられることが信じられず、それゆえに神を讃美できない方々からのものでした。その人たちは打ちひしがれ、落胆し、絶望している人たちでした。

この相違はその状況の違いにあるのではありません。見る観点にあるのです。従って結果が違ってきます。

多くの方々が親しい友や家族の死のことについて触れています。

ある婦人はこう書いています。

「トムは非常に苦しみました。私たちは彼を国中のいやしの集会や祈りのグループへ連れていきました。しばらくはよくなったように見え、希望がわいてきました。しかし、その後ガンは再発し、数か月苦しんで亡くなりました。どうして神さまはこんな気まぐれなお方なのでしょうか。トムがあんなに若くして死んだのが神のみこころであったとは信じられません。彼はクリスチャンでしたし、神のために働きたいという願いももっていたのです。もし神が、ただ私たち残された者に何かの教訓を与えるために、この事をなされたのであるなら、なぜトムが苦しまなければならなかったのでしょうか。この事で神を讃美すべきであるとは私には信じられません」

もう一つの手紙は次のように言っています。

「チャールズは一年足らず前にキリストを受け入れました。彼はすばらしい主の証人でした。六か月後彼はガンになりました。二回手術を受けたのですが、肺ガンは再発しました。彼は教会の長老たちを招き、油を塗っていやしのために祈ってもらいました。彼が検査を受けにもう一度病院へ行った時、ガンはなくなっていました。チャールズは喜んで主を讃美しました。それから数か月後、彼は激しい頭痛に襲われました。検査を受けに病院へ行き、二日後に亡くなったのです。脳ガンでした。

この家族の友人である牧師が彼の告別式に行くため飛行機に乗りました。その機上でこの牧師はある青年の隣に座りました。言葉をかわしているうちに、その牧師はチャールズの話をしました。その相手の青年は飛行機が着陸するまでの間に、その生涯をイエス・キリストに明け渡す決心をしたのです。ニューオーリンズで、その牧師は飛行機を乗りかえ、今度はある若い婦人のそばに座りました。彼女もまた彼に行き先を尋ねました。牧師はまたチャールズのことを話しました。飛行機が着陸する前に、彼女はイエス・キリストを自分の救い主として受け入れたのです。チャールズの告別式は、彼の生涯において主がなされたすべての事のゆえに主を讃美する機会となりました。告別式の後、会堂の外の歩道で二人の人がキリストを受け入れました。チャールズの亡きがらは埋葬のため、飛行機で郷里へ運ばれました。埋葬式の間中、私は若くして未亡人となった人の顔から目をはなすことができませんでした。彼女はうちなる平安と喜びに輝いていました。過ぐる年の間に、チャールズと彼女はすべての事で神を讃美する喜びを知るようになっていたのです。『死は勝利にのまれた（Ｉコリント一五・五四）のです。私には泣く理由がありません。神を讃美します』と彼女は私に申しました」

これら二通の手紙は、同じような状況について語っています。しかしなんという違いでしょう。一方は敗北の話であり、もう一つは勝利の話です。一方は人間的観点から見ており、他方はキリストの観点から見ています。

私たちもこのキリストの観点に立つことができることを聖書は教えています。

「あなたがたのうちに、このような思いをもちなさい。それはキリスト・イエスのうちにもあったものです」（ピリピ二・五〔ＫＪＶ〕）

「そして、あなたがたの心の霊において絶えず新しくされなさい」（エペソ四・二三〔詳訳聖書〕）

パウロは不可能なことを勧めているのではありません。私たちは自分でキリストの観点を身につけることはできません。しかし、主にゆだねるなら、主が私たちの心を新しくしてくださるのです。

もし心を新しくされたいという願いがあるなら、主にそのことを知ってもらい、主がそうしてくださることを期待することができます。その時私たちの側のなすべきことは、新しくされたと信じることです。

ダビデは自分の生涯に対する神のみこころに一致することを願いました。しかし彼は自分自身の反抗的な心を変えることができないのを知っていたのです。彼は神に向かって叫びました。

「偽りと〔あなたに対する〕不誠実の道を私から取り除いてください。そして恵により、あなたのおきてを私に教えてください。私は真理と忠実の道を選びとりました。あなたのご命令を私の前におきました。……喜んで従う心をあなたが私にくださる時、私はあなたのおきての道を〔ただ歩くのでなく〕走ります」（詩篇一一九・二九―三〇、三二〔詳訳聖書〕）

ダビデは、自分の力でできることはただ、正しい道を歩もうと決意することであることを知っていました。神さまの方は悪を取り除き、義を知らせ、喜んで従う心をダビデに与えなければなりませんでした。

私たちにも同じことを神はしてくださいます。ただ主にゆだねて、信仰に固く立ち、そうしていただいたと信じればよいのです。私たちの人生に、どのような事が起ころうとも、その事で私たちは神を讃美し、感謝すべきなのです。というのは、その事が私たちのための神の完全なご計画が実現されていく神の方法であるからです。そのような状況を通して、神は悪を除き、義を知らせ、喜んで従う心を私たちに与えられるのです。

讃美は神の力を私たちの中に、また私たちの状況の中に解放します。それは讃美が行いにあらわれた信仰であるからです。私たちが全く神に信頼する時、神は自由に働くことがおできになり、そして常に勝利を与えられるのです。その勝利は状況を変える勝利であるかもしれませんし、あるいはその状況のただ中での勝利であるかもしれません。死は追い払われるかもしれませんし、あるいはそのとげがもぎとられることになるかもしれません。

讃美とは、神が私たちの人生にもちこまれた事を何でも絶えず受け入れることなのです。私たちは、自分の意志によって、つまり、自分がどのように感じるかには関係なく神を讃美しようとする決断によって、この讃美の姿勢に入っていくのです。

ダビデは書きました。「私の恐れるどんな時も、私は……あなたに信頼します。神〔の助け〕によって私はみ言葉をほめたたえます。私は神にすがり、より願みます。確信をもって神に信頼をおきます」（詩篇五六・三―四〔詳訳聖書〕）

「神よ。わが心は定まりました。私は歌い、讃美をささげます」（詩篇五七・七〔ＫＪＶ〕）

第六章　不平よさらば

あなたはうるわしい、晴れわたった、陽光うららかな日などに、戸外に出て、新鮮な空気を胸いっぱいすいこんで、神のお造りになった世界のすばらしさを神に感謝したことがおありでしょうか。

けれども、もしその翌朝が、どんよりと雨模様になったらどうでしょう。窓の外を見ると、自然に何となく憂うつになったりしませんか。口に出して言わないとしても、どんな気持ちになるでしょうか。

あなたは、神に感謝するのはただ自分の願い事のためだけであって、物事が思い通りに行かない時には、少しばかりの不平を言うのが常ではないでしょうか。

では、少しばかり不平を言うことはどこがわるいんでしょうか。それは小さな事じゃないでしょうか。言っても言わなくても大した違いはないでしょうか。

いいや、そこに全く違いがでてきます。人生におけるささいな事に私たちがどう対処してゆくかによってあらゆる事が決まってくるのです。

結婚生活が破たんをきたすのはたいていごく小さな事がもとであることは、結婚カウンセラーがよく言うところです。車のタイヤをパンクさせるには小さな釘一本で十分です。ひとりの整備係の小さなミスがもとでジャンボ旅客機の墜落事故が起こりうるのです。ひとつの誤解がもとで大戦争が勃発することもありうるのです。怒気を含んだほんの一語がもとで撃ち合いが始まります。ささいな事が大きな意味をもっています。そういうところで私たちは生活しているからです。朝食のテーブルでいらいらしたり、または週休前日の午後、スーパーマーケットで勘定待ちの長い行列にいらいらして並んだりする生活をしているからです。

私たちはだれしも、不平を言っていても、それが不平だと気づかないほど、不平に慣れきっています。しかし不平は感謝の正反対です。苦情は信頼の正反対です。あなたの奥さんがトーストをこがしすぎたといって、奥さんにブツブツ言うなら、それはまさしく愛で包むことの正反対です。

辞書で「不平」をひくと「非難すること」と書いてあります。私たちがブツブツ不平を言うなら、それは私たちの生活のささいな事を神さまが正しく処理してくれないと言って、神を非難しているのと実際は同じです。讃美の態度によって神の力が自由に私たちのうちに入り込むようになりますが、不平不満の態度によって神の力は妨げられるのです。

「彼らのうちのある者たちがしたように、神に、また神があなたにしてくださったことに対してつぶやいてはいけません。なぜなら、彼らがつぶやいたからこそ神は彼らを滅ぼすために〔死の〕み使いを送られたのです。すべてこれらの事は、私たちへのみせしめとして、つまり、同じ事をしないようにとの私たちに対する警告として、すなわち生きた教訓として起こったのです。また私たちがそれを読んで、そこから教訓を得ることができるようにと記録されたのです……」（Ⅰコリント一〇・一〇―一一〔リビング・バイブル〕）

ここでパウロは、エジプトから約束の地に向かう旅の途上でのイスラエル民族の振るまいのことを語っているのです。いったいそこで彼らはどんな振るまいをして、それでどんな恐ろしい結果になったのでしょうか。

「さて、民はひどく不平を鳴らして主につぶやいた。主はこれを聞いて怒りを燃やし……」（民数記一一・一）

モーセはイスラエル民族をエジプトから導き出しました。神はご自分の臨在と彼らのために気を配っておられることを示す著しいしるしを与えられました。神は紅海の水をふたつに分けて、彼らに乾いた海底を通らせ、そのあと彼らを追ってきたエジプトの兵士たちの上に海水をもどらせなさいました。神はご自分の民を約束の地に導くと約束されました。彼らが神に信頼するなら、荒野の中で食物を与え、敵を彼らの前から追い払うと神は約束されました。そのしるしとして、神の臨在が、昼は雲の柱、夜は火の柱の形で彼らとともにありました。

それにもかかわらず、イスラエルの民は神に信頼しませんでした。彼らは、まず食物と水のことで、次は神がくださった水の味のことで不平を言いました。神がそなえてくださった食物に彼らはあきてきました。彼らは小さなつまらぬ事で、ゴタゴタ、ブツブツ不平を言ったのです。その結果、どうなったのでしょうか。

神は不平の子らを忍耐強く、なだめ満足させておられました。何度も何度も神は彼らの願いをかなえてやりました。やがて、彼らがどうしてもそこから教訓をつかもうとしないことが明らかになりました。彼らがマナの味にあきて、その代りに肉がほしいといった時、「ただ一日、二日でなく、まる一か月もであって、ついにはあなたがたの鼻から出て来て、吐きけを催すほどになる。それは、あなたがたのうちにおられる主をないがしろにして、御前に泣き、『なぜ、こうして私たちはエジプトから出て来たのだろう』と言ったからだ」（民数記一一・二〇）

四十年間イスラエルの民はさまよいました。そして何かがうまくいかない度ごとに、ひどくつぶやいて、エジプトの肉鍋に帰りたいと思いました。

わずか二百マイル足らずを行くのに、なぜ四十年間もかかったのでしょうか。たとえ婦人や子供や家畜をつれていても、二、三週間あれば、それくらいの距離は十分歩くことができたはずです。それが長くかかったのは、神が彼らの必要を満たすと言っておられる、その約束を信じないでブツブツ不平を言ったからなのです。イスラエルの民がその約束の地の近くに最初に来た時、その地には、すでに体の大きな人々が防備を固めて住んでいることがわかりました。自分たちの前からすべての敵を追い払おうと約束された神を讃美して、その障害を喜ぶ代わりに、イスラエルの民はモーセに反抗し、エジプトの肉鍋に連れもどしてくれと要求しました。自分たちをだましたと言ってモーセを責めたのです。

ふたりの人、ヨシュアとカレブ――彼らはその巨人たちと堅固な町々を見たのですが――このふたりだけが、神はその約束を守ってその地をイスラエルの民に与えられると信じました。しかし、だれもヨシュアとカレブに耳を傾けませんでした。

神の忍耐もここまででした。神はイスラエルの民をつき放し、彼らが自分の不平の中でやきもきするままに放置すると誓われたのです。不平を言う者はひとりたりとも生きながらえて約束の地に入れず、新しい時代が起こるまで荒野に放浪するであろう、その新しい世代がヨシュアとカレブ（荒野を四十年放浪してなお生き残るただふたりの人）に導かれて約束の地に入るであろう、と神は誓われたのです。

「彼らが神の忍耐を逆なでするようなことをしたにもかかわらず、神は彼らを四十年間耐え忍ばれました。神は彼らが何とかわかるようにと、続けて力ある奇跡を行われました。『しかし』と神は仰せられます。『私は彼らを憤った。なぜなら彼らの心は私を見上げないで、常にどこかを見ていた。そして彼らに歩んでほしいと私が願った道を彼らは決して見いださなかった』」（ヘブル三・九―一〇〔リビング・バイブル〕）

小さいつまらぬ不平のために、イスラエルの民はその約束の地から締め出されたのです。ささいな事で私たちが神に不平不満をつぶやくことが、私たちのための神の完全なご計画の中に、私たちを入れなくするのです。

「そこで愛する兄弟たちよ、あなたがたの心に気をつけなさい。あなたがたの心が、彼らと同じようによこしまで不信仰になって、あなたがたが生ける神から遠ざけられるようなことがないように」（ヘブル三・一二〔リビング・バイブル〕）

イスラエルの民の不平の原因は不信仰でした。そして、私たちの小さな不平のひとつひとつの根底にも不信仰があるのです。

不信仰がイスラエルの民をカナンから締め出したのです。しかし神は、彼らをただカナンという地理的な場所へ導くことだけでなく、もっとそれ以上の事を、彼らのためにしようと願っておられたのです。つまり神の約束の地とは、また完ぺきな安息の場、完ぺきな信頼と平安の状態のことでもあったのです。

「神の約束――すべての人が彼の安息の場に入るのを許されるという約束がなお存続しているにもかかわらず、あなたがたのうちにある者は、そこに入りそこなうかも知れません。ですから、私たちはおそれおののかねばなりません。……なぜなら、神を信じる私たちだけが、彼の安息の場に入ることができるからです。神は仰せられました。『私を信じない者は決して入ることはできない、と私は怒って誓った』」（ヘブル四・一、三〈リビング・バイブル〉）

神は今、私たちのために完ぺきな安息の場を備えていてくださいます。死後のことを言っているのではありません。現在のことを言っているのです。つまり、私たちがみな信仰に基づいて入ることができる〝神に全く信頼する状態〟のことです。しかしこの状態に入るためには、私たちの不信仰の罪、すなわち不平、不満、つぶやきをすてなければなりません。不信仰は神に対する重大な罪です。

「この世の罪は私を信じないことです」（ヨハネ一六・九）とイエスは言われました。不信仰は、すべての罪の例にもれず、神への反逆という故意の行為なのです。私たちは信じるか信じないかを選択することができます。

ウェブスターの辞典を見ると、「不信仰」の項は「信じることを差し控えること。容易には信じないことまたは懐疑主義。断言されたことを否認すること」とあります。

不信仰が、信じることを故意に差し控えることであるならば、私たちはその行為に対して責任があり、それについて何事かをしなければなりません。

すべて罪を処理する第一歩は告白です。

私は数年間、自分はめったに不平を言わない、つまり声に出して不平の言葉を言わないと、自らに言い聞かせて満足していたものでした。私はにこやかな外見を保つよう、工夫し努力してきたのです。しかし、心の中では絶えず不平を言っていたのです。当然のことながら、不平の罪を犯していることを認めない間は、私は決して成長していませんでした。

自分が口にするような不平は正当であると思っていたのです。十分な睡眠がとれず、気持ちよく朝起きれない時、私は不平を言いました。家族のだれかがバスルームを乱雑にしていると、私は小声でつぶやきました。また朝食を急いですまさねばならないことでつぶやきました。オフィスで事が順調に行かなかった時とか、人が自分の思うようにしなかった時に、私は不平を言いました。請求書のことで不平を言い、車のエンジンのかかりが悪い時や、どこかへ行く途中で赤信号に行き当たった時に不平を言いました。夜おそくまでオフィスで働かねばならなくて、時間どおりに就寝できなかった時、不平を言いました。そして翌朝また、初めからこの全部をくり返すのでした。

聖霊が、あらゆる事において神に感謝せよという聖書のみ言葉を示し始められた時、私は何年間もその正反対の事をやってきて、しかも、それにすこしも気がついていなかったことを悟り始めました。

改善への第一歩は、私が常習的不満家であることを認めることでした。

私たちの罪を処理する最も効果的な方法は、それを細大もらさずはっきりさせることであると私は信じます。まず罪を認め、告白し、神のゆるしを求め、二度と再びその罪に陥らないと、はっきりした決意をするのです。次にその罪を私たちから取り除き、どんな誘惑にも負けない信仰と力を増し加えて下さるように神に祈り求めるのです。最後に神に感謝し、祈り求めた事がすでにかなえられたと信じ、信仰に基づいて行動するのです。

「もう不平を言いません。今までよく不平を言った一つ一つの細かい事を、これからはひとつ残らず神に感謝します」と神にお約束するとき、そこから神が働いてくださることを期待してよいのです。

不信仰な不満人間から感謝と喜びにみちた信仰者へと変わることは、自分の力ではできません。神に変えていただかなければなりません。不平不満をやめて、神への感謝と讃美を始めよう、と私たちは決意します。しかし、それを実現するのは神の力なのです。私たちのなすべき事は、いつもイエスに目を向け、神がなしてくださることを感謝することです。

実際のところ神は、先によく不平の原因となったのと同じような事を、やっぱりまた私たちの生活の中に起こされるのです。そのような時、私たちは神に感謝し、讃美できるのです。なぜかというと、神はまさしくその事を用いて私たちのうちに変化を起こそうとしておられるからです。以前は、その事が私たちをつまずかせたのですが、今ではそれによって神の力を知らされることになります。その事が私たちの信仰を成長させるのに役立つのです。どんな事でも、喜んで感謝して受け入れるとき、私たちの中に、また私たちを通して神の力が解放されるのです。そして喜びの実感もまたわいてくるようになります。

しかし、その実感をしるしとして求めてはいけません。私たちの讃美と感謝は、神の言葉を信じる信仰に基礎をおくのであって、自分の実感に基礎をおくべきではありません。

私が長年不満に思っていた事の一つは自分に音楽的才能がないということでした。美しい音楽を聞くとき、いつも私はそれを心から楽しむことができませんでした。なぜなら、聞くたびに、私は自分も何か楽器を演奏できればよいのに、また美しい独唱ができればよいのにと残念がっていたからです。

ところがある日、音楽会で演奏を聞いているとき、「あなたは楽器をひけないことを感謝しているか」という質問が浮かんできました。

この質問は聖霊が起こされたものであることがわかり、私は、すわったままきまりの悪い思いをしました。

「いいえ、主よ、感謝していません」

「そうしたいのか」

「はい、主よ、感謝したいです。このことが私に対するあなたのみこころです。私に音楽的才能を与え、それを訓練させることがみこころだったら、あなたはそうしてくださったことでしょう。ですから、あなたが願っておられるままの自分を今感謝します」

そう言った時、大きな平安が与えられ、今あるままで私はほんとうに幸福であることがわかりました。

聖霊は言われました、「あなたに学んで欲しいのは次の事です。すなわち、もしあなたが美しい音楽を楽器でひくことができたら、あなたはだれか人間を喜ばせようとしたことでしょう。しかし讃美する時、あなたはいつも神を喜ばせているのです」

私に音楽的才能のないことは、神から見れば決して短所ではなく、ただ自分にそう思われただけのことでした。神が私を造ってくださったその造り方に不満だったのは私であって、神ご自身は決して不満ではなかったのです。

世の中には、何か特別な才能があってそれを伸ばす機会にも恵まれたらいいのになあと思いながら、人生を浪費している人たちがいます。そういう人たちは、もし自分がしかるべき幸運に恵まれていたら、今ごろはきっと映画スターかテレビ・タレントか、野球の有名選手か、実業界の大物か、あるいは博士にでもなっていたかも知れないと思っているため、心の中にいつも不平不満をいだいています。

あなたはご自分の生涯について、いつも起こってくる一つの不満がおありですか。人生をもう一度初めからやりなおしできるとしたら、今とちがった別の職業につきたいとか、ちがった環境に住みたいとか、ちがった結婚生活をしたいとかひとり思ったりなさいませんか。

神があなたにいてほしいと思われる所に、今あなたは置かれているのだということを信じられますか。神は何一つ見落してはおられないことを信じられますか。あの選択は今考えると誤っていたと自分では思えるが、しかしほんとうに誤っていたのなら、神はそうさせないようにその時、手をうつことが十分おできになったはずだ、と信じられますか。

確かに誤った選択というものはあります。この本でも、さきに私たちに選択する責任があること、正しい選択、誤った選択のそれぞれの結果はどうなるかについてお話ししました。しかし神の約束は、私たちが神に信頼するとき、すべての事を――私たち自身の誤った選択をも含めて――働かせて益とされることです。

神がそこからあなたを他へ移そうと計画しておられる仕事や状況に、あなたが今いるということもあり得ることです。とはいえ、目下のところはあなたが自分の現状を喜びをもって受け入れ、それを神に感謝することが大切です。あらゆる困難を神に感謝し、事あるごとにみこころに服してゆくにつれて、神はみむねの場所へと私たちを動かすことがおできになるのです。

思い出してください。クロス王が神を知らなかった時でさえ、神は最も適当な時に、最も適当な所へ、この異教の王クロスを動かすことがおできになったのです。ですから、現在この瞬間、あなたがどこか別の所にいることが神のみこころであったとすれば、神はそこにあなたを置かれたはずだと確信してよいのです。目下のあなたのなすべき事は現在あなたがいる所を神に感謝することです。

たとえば、あなたが十五年前、自分に対する神のみこころがわかっていたのに、故意にそれに反する選択をしたのはよくないことであったと、神が聖霊によって今あなたに示されるなら、神にその誤りを告白し、ゆるしを求め、そのゆるしを感謝し、また他人に与えたかもしれない害をつぐなうため神の導きを求めてください。次に、今から後の生涯をすべて神のみ手におゆだねし、今、神がすっかり引き受けてくださっていることを信じてください。今あるがままの境遇を細部にいたるまですべて今、神に感謝し神を讃美してください。

そうすれば、現在の境遇からあなたを速やかに導き出す神の力の働きを体験されるでしょう。あるいは、今いる境遇のままで、あなた自身を変える神の力を体験されるでしょう。何が起ころうとも、神に感謝し続けてください。神が責任をもっておられるからです。

あるクリスチャンのビジネスマンが、自分の生活を今までより以上にキリストにゆだねました。その後まもなく、役員として高給のある仕事から解雇されてしまったのです。彼は他の仕事をさがしましたが、どこも経営縮小のため、仕事はなかなかありませんでした。家庭は経済的に苦しくなり、請求書がかさむにつれて彼の心配は増大し、祈りも答えられないように思えました。

こんな失業状態が一年も続いたある土曜日の晩、彼はすべての事を感謝するという私の講演を聞いたのでした。神がまだ仕事に導かれなかったのには、何かの理由があるのだということが突然彼に分かり始めました。そして失業していることを神に感謝し、失業のため自分と家族が味わっているすべての困難を神に感謝しました。

翌日の日曜日も一日中、彼は神を讃美し続けました。そして現在の境遇についての恐れと憤りがだんだん弱まってゆき、その代りに真の喜びがわき上がってくるのを感じたのです。

月曜日の朝早く、電話のベルが鳴りました。もうひとりの役員からで、「私の代わりに働いていただけますか」とたずねてきたのです。

「ええ、喜んで」と彼は答えました。

「いつから始めていただけますか」

「明日からでも」

「では早速仕事にかかっていただくおつもりで、九時にこちらへいらしてください」

新しい仕事は給料も非常によく、以前より一層重要な仕事で、彼は毎月、多くのビジネスマンと直接に接触することになりました。彼がキリストをあかしすると、つぎつぎと主を救い主として受け入れる人たちが起こってきました。

そのビジネスマンが私に語りました。「私が自分の状況について少しでも恐れと憤りを抱いている間は、神が私の生涯に対するご計画を遂行なさるのを、私自身が妨げていたのです。私が神を信頼して、あるがままの私の生活を神に感謝することができるようになるとすぐに、神は私をご自分のものとして望まれるところへおくことがおできになるのです」

ある若い教師が山で夏の休暇を過ごしていたとき、校長室から自宅あてに、新学年の仕事分担に関する会議に出頭するようにという手紙が送られてきました。彼女はその手紙のことを知りませんでした。それでその会議に欠席したため、彼女の仕事は他の人に与えられてしまったのです。旅行先から帰った時、彼女はすでに解任されてしまっているのを知りました。

彼女は最初、衝動的に、あわてて両親――他の州に住んでいる――のもとへ帰宅しようとしました。あと二週間で学校は始まることになっていました。その地方に仕事の見込みはありませんでした。しかも、彼女は大学時代からかなりの経済的な義務を負っていたのです。

その頃、彼女はちょうど「獄中からの讃美」を読んだところでしたので、今度の自分のことは、今学んだばかりの事を実行するのによい機会だと思いました。うろたえ、あわてる衝動を意識的におさえて、この失業が神の許しによるものであることを神に感謝し、自分の人生のための神の完全なご計画を神に感謝しました。

二日間、絶望へのあらゆる誘惑と戦いながら、彼女は神を讃美し続けました。三日目に、裏のかきねごしに隣の人が話しかけてきました。

「あなたは本当に、キリスト教主義の学校の先生になるべきですよ。一度息子の行っている学校の校長先生にお電話なさったら」

その若い教師はこの勧めに従いました。そして驚いたことに、急に第一級教師の欠員ができたところだったのです。彼女は面接に行き、採用されました。

彼女は言いました。「神さまが私のこの状況に係わることがおできになったのは、私が主を讃美し、主に信頼したからだと思います。もし、私がいつものようにあわてて両親のもとへ逃げ帰る古い癖を出していたとしたら、まだ失業したままで、神様が私をかえりみてくださらないことをやきもきしていたことでしょう」

新しい仕事は、以前の仕事よりもはるかに彼女に適していました。教室では自由に信仰のことを生徒たちに語ることができました。問題のある子供たちと一緒に公然と祈ることもできました。

この若い教師のためにも、またあのビジネスマンのためにも、神は完全なご計画をもっておられ、適切なポストを備えておられたのでした。彼らがそれまで保持し、自分でもこれでよいと思っていた仕事から、神は彼らを閉め出されました。彼らが神に信頼して、その失業のゆえに神を讃美した時、神は最も適切な仕事へのドアを開かれたのです。

憤りと恐れ、つぶやきと不平は、私たちのための神のご計画の実現を遅らせることになります。神は時間の上でも完ぺきな計画をお持ちです。神のタイミングは、私たちのタイミングと必ずしも一致しないことを悟らねばなりません。

私は以前からいつも時間を厳守していて「主の時間」を正しく用いる自分の能力を誇りに思っていました。ところがある日、私はテキサスのエル・パソ――そこでのビジネスマンの大会で講演することになっていた――へ行く飛行機に乗っていましたが、いらいらして時計ばかり見ていました。まもなく二時半になろうとしていました。私は二時にその集会場に着く予定でした。約束の時間に遅れたことで、どんなプラスになることだろうか、と私は思いました。

「主よ、どうしてこんな事になったのですか」と私はややじれったい気持ちで尋ねました。

答は逆に質問となって返ってきました。

「遅れていることを感謝しているか」

「それが問題ではありません。私を招待してくれた、また私のために費用を払ってくれた人たちが、時間通りに私が着くのを気の毒にも待ってくれているのです。彼らこそ、私が遅れてもそれに感謝するのを学ばねばならない人たちです」と私は反論しました。

「あなたは感謝しているか」という思いがなおも返ってきました。

事の真相がハッとわかってきました。私は本当は、集会の人たちのことを心配してはいなかったのです。彼らでなく私がうろたえていたのです。事態を神が適切に導いておられることを私が信じていなかったのです。「私の」時間を神が取り扱われるその扱い方について私はやきもきし、文句を言っていたわけです。

私は小声で言いました。「主よ、すみません。私の時間をどう用いるべきかは、あなたが一番よく知っておられると信じます。私の遅れることをあなたが黙認しておられるのであれば、これはあなたの完全なご計画の一部であるにちがいありません。ですから、このことを感謝します。私の時間がどのように使われるかはあなたにおまかせします。あなたがそれを一番よいようにしてくださると信じておまかせします」

私は座席の背にもたれてホッと息をつきました。時計は二時四十五分をさしていました。しかし私は全く平安でした。その時、スチュアーデスが横を通りすぎました。彼女の時計が私の目の前にはっきりと見えたのです。それは一時四十五分をさしていました。

私は体をおこして呼びとめました。「一寸あなたの時計では一時四十五分ですね。それはたしかに正確ですか」

「はい正確でございます。私たちはたった今、時間変更線をこえたばかりでございます。それで今一時四十五分でございます」

私はひとりでクスクス笑いました。「主よ、時間のことで心配することがいかにばかげているかを教えてくださってありがとうございます」

ところが飛行機が飛び続けるうちに、また二時をすぎました。私はまた心配になってきました。二時十五分にエル・パソに着陸することになっていましたが、私はやはり遅れそうでした。

「主よ、いらいらしてすみません。けれども私は今まで集会に遅れたことはありません。どうして今こういうことになるのか分かりません」と私はつぶやきました。

「あなたは感謝しているか」

「よろしいですよ。主よ、感謝しますよ。今は二時二十分で、私がまだここにいることを感謝します」

飛行機から出た時、私の時計は二時二十五分でした。

会場を確かめるために、ポケットから大会プログラムをとり出しましたが、私の目はふと開会時間のところにいきました。なんとそれは二時三十分となっていました。

一番近いタクシー乗場へ走りました。「これはみごとです、主よ。あなたは時間の管理についてあなたを信頼することを教えてくださいました。だれにも迷惑をかけずにです」(ついでに申しますが、神が働かれる方法はいつもこうなのです。私たちのまちがいによって、他の人が迷惑すると私たちは思うかも知れません。しかし、その人たちの人生も神の完全な支配のも

とにおかれているのです。主は私たちを愛しておられると同じようにその人たちをも愛しておられるのです）

「どちらへ」とタクシーの運転手は待っていたようにたずねました。

「エル・パソ・ヒルトン・インまで。できるだけ早くたのむ！」と私は息をきらせて言いました。

「それならおたくの目の前にありますよ」と運転手は笑いながら通りの向こうを指さしました。

私は会場のホールへ入って時計を見ました。ちょうど二時三十分でした。人々が集まっていく方へ私もその後に並んで行き、席につきました。

神の時刻表は一分たがわず正確です。私たちの行動が神の時刻表の中に記されているのを知ることは、なんとすばらしいことでしょうか。

あなたの人生の時間管理を神にゆだねてください。あなたが神を信頼するなら、神は一番よいとされるところへ、一番よいとされる時に、あなたを導かれます。神の時間表は私たちの生涯のあらゆる約束事、あらゆる時間のためによくできているのです。神はご自分の予定表を私たちに強制されはしませんが、もし私たちが毎日の日々を、また時間を神に捧げるならば、みこころの場所に、ちょうどよい時間に私たちを導いてくださるのです。

だからといって、それは、私たちがやわらかい椅子に座りこんで、「もし私がそこにいるのがみこころなら、主が私をそこへ連れていかれるはずだ。私はただここに座って、主が動かしてくれるまでいねむりしていよう」と言ってよいというわけではありません。

私たちは自分のなすべき分を果たさねばなりません。しかしそれは時間のことで気をもむことではありません。私たちは自分の最善をつくすのです。すなわち、朝、約束に間に合うように起き、約束に間に合うように用意をします。そうした上で何が起ころうとも、その事を神に感謝するのです。たとい知らずに寝すごしても、思いがけない何かに時間をとられて遅れても、あるいは話し好きな隣の人や、うるさい子供たちに邪魔されても、それを神に感謝するのです。

あらゆる事において神に信頼し、神を讃美するよう、神が私たちを教えられるのは二重の目的があります。神を讃美するとき、まずさまたげが除かれ、神の力が問題のただ中に働いてきます。次に、それによって、他の人もまた神に引き寄せられるようになるのです。

私はかつて、完全主義者とでも言えるある聖歌隊の指揮者とともに働いたことがあります。礼拝ごとに音楽のあらゆる面が細かく、詳細に計画され、演奏されたのです。この指揮者はいつも緊張していました。そして、その緊張が全隊員に影響していました。彼らは立派に歌ってはいましたが、喜びのない歌い方でした。

ある日、指揮者が牧師室へ話しに立ち寄りました。

「ボブ、もし君が、何が起こってもそれを神に感謝するというふうになったら、もっと気楽になって、音楽にもっと大きな喜びを経験するにちがいないとボクは思うよ」と私は言いました。

彼はしばらく黙って私を見ていましたが、こう言いました。「この六か月間、ぼくは先生をよく見ていました。最初は、外見を装っておられると思いました。だれだって、しょっちゅうそんなにうれしい気持ちでおられるはずがないと思ったのです。(彼は笑って続けました)ぼくは聖歌隊で何回かまちがいをしましたが、先生はその度にかえってうれしそうでした。……どうしてそうなのか、ぼくには分かりません。しかし、ぼくもそのようになれたらと思います」

つい話し過ごして聖歌隊の練習の時間になってしまって、ボブは急いで牧師室を出ていきました。彼は心構えの時間がなくなっていました。この思いがけない出来事に彼がどう反応するだろうかと、私は思いました。

後で彼はこう言いました。「あの時、ぼくは楽譜その他の準備が何もできていないことを思って、本当に緊張しそうでした。その時、ハッと気づきました。これこそまさしく先程のお話の、神に感謝すべき状況だと気づきました。そこでぼくは神に感謝しました。ちょうどその時、聖歌隊のメンバーが四人入ってきました。彼らは練習に早めにきて、『何か準備のお手伝いをしましょうか』と言うのです。ぼくが聖歌隊の指揮をしてきたこの何か月かの間、こんなことは一度もありませんでした。全く驚きました。『神様、ありがとうございます。本当にあなたはすぐに問題を処理してくださいました』と感謝しました」

それからその日が終るまで、ボブはなかばボーッとした状態ですごしました。日常の細かい一つ一つの事に神が直接に関心を持ってくださるということ、また自分を神にゆだねてくつろぎ、あらゆる状況の中で感謝するとき、すぐに神の力がさまたげを除かれ、働き出すということを彼は今まで知らなかったのです。このことを知ってから、音楽によるボブの奉仕の態度が全く変わりました。

その後ソロを歌った時、彼はいくつか間違えました。普通ならがっかりしたところです。しかし間違う度に、今までのようにますます緊張するのではなく、今度は間違いのことで、それをゆるされた神に感謝をささげたのです。その結果、歌い続けるにつれていよいよよろこびがあふれてくるのを経験しました。そして、聞いていた私たちも彼の顔によろこびの輝きを見、その歌声から、よろこびの新しい次元がひらけたことを知ることができたのです。

ボブの会衆との関係も非常に変わりました。それまでは私たちと会っても、むっつりして「やあ」と挨拶するだけでしたが、今は輝いた顔で「おはようございます。すばらしい日ですね」と言うようになったのです。

むっつりした顔をしていることは、よろこびと希望に満ちた信仰の正反対を表わしており、従って実際には不信仰の態度であるという事実について考えるまでは、それが罪であるとは思えないかも知れません。

「まあ、だれにでも、よくない日とか浮き沈みとかはあるものです」とは、よく言われることばですが、これは不注意で、危険な考えだと思います。なぜならそれは、よくない日とか浮き沈みがクリスチャン生活の当たり前の一面であるかのように言っているからです。聖書は、私たちの外側の境遇は浮き沈みがあり、良かったり悪かったりするかもしれない、しかし私たちの内側の態度は常にキリストにある不変のよろこびの状態であるべきだと言っています。

「私はどんな境遇にあっても満ち足りることを学びました。私は、貧しさの中にいる道も知っており、豊かさの中にいる道も知っています。また飽くことにも飢えることにも、富むことにも、あらゆる境遇に対処する秘訣を心得ています。私は、私を強くしてくださる方によって、どんなことでもできるのです」（ピリピ四・一一―一三）とパウロは獄中の独房から書き送っています。

小さな事に感謝を忘れたために起こる結果は、必ずしも私たちに明らかではありませんが、私は一度厳しい教訓を受けたことがあります。

フォート・ベニングの牧師室でのある忙しい朝のこと、何もかもうまくゆかないような気持ちでした。責任ある担当者が出勤してこないため、みんな何をしてよいか分からない有様でした。電話のベルは鳴り続き、仕事は山積するばかりでした。私はその欠勤者に対して腹立たしく思い始めました。もちろん私がそのような態度になったからとて彼が出勤してくるわけでもなく、事情がよくなるわけもありません。ほとんど一日中私はブツブツ言っていました。

その翌日、彼が来て言うには、病院へ行ったら、静脈にガンができかかっていると診断され、ショックを受けて帰宅し、起きる気にはなれずベッドに一日中寝こんでしまったということでした。

私は自責の念に圧倒されました。牧師室で欠勤者のことを神に感謝せず、さほど重要でもない事が遅れるのをやきもきしていたのでした。私のその日のつぶやきが、その病人に向かって神の愛と力が流れるための管《くだ》としての職務から私をすっかり閉め出してしまったのでした。

結果が明らかに分かっていてもいなくても、とにかくどんな状況にあっても信頼と讃美をもって応答することを学ぶことは大切です。私たちが直面する事が劇的な出来事であろうと、ささいないらだちのたねであろうと、あせりの狼狽《ろうばい》のボタンを押す代わりに、讃美のボタンを押すことを学ぶにつれて、私たちの生活と態度は変えられていきます。

ある時、ひとりの人が仕事を終えて帰宅する途中、凍った道路を車で走っていました。彼は道路状況の判断を誤り、停止信号のところをスリップして他の車に衝突してしまいました。負傷者はありませんでしたが、両方の車はひどい破損を受けました。彼は馬鹿な間違いをした事で自分自身を腹立たしく思いました。その時彼は、すべての事を神に感謝することについて最近読んだのを思い出したのです。

「主よ、この事故を感謝します」と彼は祈りました。するとすぐ頭の中で、「ばかなことを言っちゃいけない。お前はひどいミスをやったのだ。それを喜ぶふりなんかをして、ミスの上塗りをする積もりか」と声ならぬ声がささやきました。

「しかし神はそれを働かせて益にならせると約束されたのだ」と彼は反論しました。

「こんなことから益となることなどあるものか」

「いや、もし私が神に感謝するなら、きっとそうなる」と彼は言い張りました。

彼はその事故を感謝し続けました。しかし、表面的には何も劇的な事は起こりませんでした。衝突した相手のドライバーがキリストに導かれるということもなく、車修理工場で彼がうれしそうにしていても、誰も反応を示しませんでした。彼が事故に対してこのように反応したことで、何がどう違ってきたのでしょうか。

時間がたつにつれて、ある著しいことがこの人の内側で起こっていました。神に感謝すればするほど今まで経験しなかった新しい平安が彼のうちにますます広がってきたのです。正午頃、何か笑いのようなものが内側からふつふつとわき上がってくるのを感じました。そしてその自動車事故の感謝を神にくり返し捧げるたびに、自分の中の奥深い所で何か固い結び目がほどけるように、何かが解かれているのを感じたのです。

それまで彼は、普通の平凡なクリスチャンでしたが、その日以来、彼の生活はすっかり変わってきました。キリストにあって生きる勝利の生活という新しい次元に彼は入ったのでした。それというのも、すべて彼が最初自分のばかげたミスで、また運も悪かったせいだと思っていた事の中に、神のみ手を見ようと決意したためでした。

また別のある人が、何でも神に感謝するという私の話を聞いて、よし、今から何が起ってもすべて神に感謝しますと、神に約束しました。

集会が終って、彼と家族は零下の気温で吹雪の中を車で家に向かいました。帰り着いたときはもう夜も遅くなっていました。玄関に入った瞬間、何かおかしいのに気づきました。家の中が氷のように寒く、暖房が消えていたのです。

家族が二階で身を寄せあっている間、彼は地下室へ降りて行きました。そのストーブについて何の知識もなく、どこが悪いのか見当もつきませんでした。

彼は冷たくなってしまったストーブを眺めて立っていましたが、まず最初の思いは、それが再び動きだすよう祈ろうということでした。暖房がなければ、夜を過ごすために家族をどこか暖かい所へ避難させねばならないことになるのです。

するとと、「お前は感謝しているか」という思いが浮かんできました。

実際彼は、冷えきった家とこごえそうになっている家族のことで気が転倒して、感謝するのを忘れていた自分を認めねばなりませんでした。

「すみません、主よ。忘れておりました。この事はあなたが私たちの益のためにご計画くださった事に違いないと思います。神さま、この状態のままの、動かないストーブをあなたに感謝します」と彼は祈りました。

その瞬間、非常にはっきりした指示が心にひびいたのです。「ファンを調べなさい」

「ファンですって？　どこにあるのか分からないんですが……」

「右側のプレートの後を見なさい」と心にひびきました。

彼はドライバーをもってきて、そのプレートをはずし始めました。が、突然彼はばかばかしく思いました。自分はただ空想でこんな事をしているのじゃないだろうか。本当にファンがこのプレートの後にあるのだろうか。しかし、もし神が実際、こんなに具体的な助けを与えてくださるのなら今やめるわけにはゆかない、と彼は思いました。

指は寒さでこごえていましたが、何とかプレートははずれました。ちゃんとそこにファンがあったのです。

「さて今度は何をするのかな?」と彼は考えました。

「ファン・ベルトをさがしなさい。はずれている」

炉の内部は暗くて見えませんでしたので、彼は懐中電燈をもってきて、ストーブの小さく空いた所に光をあてました。たしかにファン・ベルトがはずれていました。それをファンの回転軸にかけ、狭い口から腕を無事抜き出しました。ストーブは依然冷たくじっとしています。

「今度は何を」と彼は祈りました。

「ストーブのスイッチを入れなさい」という思いがひらめきました。

彼がスイッチを入れると、すぐにストーブは楽しげに炎を出して動き出したのです。彼は二階へかけ上がり、冷たい故障したストーブのことで、神がどんなに家族を祝福されたかを話して聞かせました。

もしも彼が、この危機に直面して、神を讃美し、神が万事を益としてくださると期待しなかったならば、彼と彼の家族は不便と困難を耐え忍ばねばならなかったでしょう。暖房の故障は、讃美によって、神の力と導きが自由に解放されるということを実際に学ぶための彼に与えられた機会でした。

この暖房事件以後、彼の生活は変わりました。あらゆる状況の中で、彼は神のみ声を求めて耳を澄ますようになりました。そして今日では、聖霊の促しに対して特別な感受性を与えられてきています。また、神の導きに耳が開かれるようになったことで、自分ばかりでなく他の人にも神の力が注がれるための管《くだ》となっているのです。

第一歩は信仰の行為、すなわち、暗い雪の夜にストーブが故障したのは、彼と彼の家族の幸福を望まれる神の愛深い配慮の現われであると信じることだったのです。彼はその最初の機会を無視することもできました。そうすれば神はきっとまた、信仰を促す同様な状況を起こされたでしょう。あなたも私も、日常生活のひとつひとつの状況の中で、神のみ手を認める機会に直面しているのです。私たちがこれまで無視してきた機会はいくつくらいあるでしょうか。

私たちがどう反応するかの結果は積み重なってゆきます。積極的な信仰の一歩を踏みだすことによって、信じることは容易になってゆきます。逆に、不信仰に負けて、困難な事情の中で神の臨在と愛を否定する態度を取るたびに、そのマイナスの結果が積み重なり、信仰を働かせようと意志を奮い起こすことがますます困難になっていきます。つぶやけばつぶやくほど、敗北の網にからまって、ますます動きがとれなくなります。小さなつぶやきが数多く積もり重なって、圧倒されるばかりの憂うつの山となるのです。

あるクリスチャンの看護婦が惨めに過した数年のことについてこう書いています。

「小さな事がいつも私の心を乱し、いらだっていました。だんだん私の生活は惨めになっていきました。神さまに、助けを求めて祈りましたが、何も起こりませんでした。

朝は動けるようになるため薬を飲み、夜は眠れるように薬を飲むようになりました。毎日が、ああ起きなければならないという苦しい思いで始まりました。自分の家事すら、ろくにできませんでした。病院では患者さんたちを世話する過労でつぶされそうでした。日、一日と悪くなって行きました。二、三か月前にはたやすくできていた事もできなくなりました。死なせてくださいと神さまに祈るほどの状態に陥っていきました。生きていることが全くの地獄だったのです」

そのような状態で、ある日彼女は「獄中からの讃美」を読んだのです。

「まるで希望の光が心中にともされたようでした」と彼女は書いています。彼女はすべての事で神を讃美しようと決意しました。そして過労の原因となったような事をはじめ、感謝すべき事柄を列挙して長い表をつくりました。その結果はすぐに現われ始めました。

「今私が言えることは、イエスさまが私の心に入られてから、私のうちにすばらしい変化が起こったということです。絶えずつきまとっていた失敗を恐れる極度の不安はもうありません。いろいろの事でいらだったり、心が乱れたりすることもなくなりました。何かがぐあい悪くなりそうな時は、ただ上を仰いで、『主よ、ありがとうございます』と言います。すると本当に讃美の歌が心に起こってきます」

山のように積もり重なった惨めさにとり囲まれていると思えるときも、ほんの小さなもぐらづかのようなものに悩まされているときも、起点となる所は同じです。不平とつぶやきを罪として告白すること、そしてこれからは感謝しますと神に約束することです。その決断をし、信仰にあってそこに立つ決意をするなら、神がそれを行う力を与えてくださるのです。いったん約束すれば、神に感謝する機会がどっと押し寄せるか、あるいは少しずつくるかは分かりませんが、とにかくやってきます。

フォート・ベニングの近くで行われた修養会で、数人の若い兵士たちが、すべての事で神に感謝するという約束をしました。次の日、その兵士たちのひとりが、彼の敬愛していた叔父が農場トラクター事故で亡くなったという通知を受け取りました。「それみろ、神を讃美するなどと、ばかげた約束をして。あの叔父さんはクリスチャンでなかったのだ」という思いがすぐに思い浮かびました。

彼はこの思いの出所を悟り、叔父の死について神に不平を言おうとする誘惑に抵抗しました。彼は祈りました。

「神さま、私がどんなにあの叔父さんを愛していたかをあなたはご存じです。しかし私以上にあなたの方が、もっと叔父を愛しておられました。ですから、あなたが叔父の死を許されたのには、何かの理由があるに違いありません。あなたが最善をなされたことを感謝し、このことであなたをほめたたえます」

彼は叔父の死については平安を感じました。しかし、ごく最近、キリストを救い主として受け入れたばかりのいとこのことが心配でなりませんでした。いとこは自分の父の死をどう受け取っただろうか。いとこを励ますために、葬儀に帰郷したいと申し出たのですが、許可を得られませんでした。

「よろしい、神さま。あなたは私のいとこのことをよくご存じなのですから、私が行けないことを感謝します」と彼は祈りました。そしていとこへの伝言を両親に頼もうと思って、自宅へ電話しました。

電話に出た相手の声が当のいとこの声だということに気づきました。

「いかがですか」と驚いた声で彼は言いました。

「ぼくは主を讃美しています。お父さんがあの事故の数日前キリストを受け入れたことを、みんなで本当に喜んでいるんです。お父さんは、神さまのことをみんなに証《あかし》する時間も召されるまでにちゃんと与えられたのです。今、天に召されたのは神のみこころであったとみんな信じています」と答えが返ってきました。

その兵士は修養会にもどり、この事を人々に話しました。そこに居あわせていたある牧師夫人も、すべての事で神に感謝することを神に約束しました。

その夕方、車を運転して帰宅する途中、彼女はその最初の機会を与えられました。過去十八年の間、彼女は交通違反カードなるものを渡されたことは一度もありませんでした。ところがこの時彼女は、車を道の端へ寄せるように言われ、警官からカードを渡されたのです。交差点での一旦停止を怠ったと言うわけです。

彼女はその警官に間違いを説明しました。「私が注意して停止した時、よく似た車が横を追い越して行き、止まらなかったのです」と。警官はこの説明を受け入れてくれませんでした。彼女は怒って不平を言いたい気持ちにかられました。次の瞬間、すべてのことを神に感謝するという約束を思い出したのです。

「主よ、これはあなたのみこころと信じます。すべてをあなたに感謝します」と彼女は祈りました。突然彼女は、自分のうちに喜びがあふれてくるのに気づきました。

翌日、集会に帰ってきて彼女は私たちにこの経験を話してくれました。

「本当にすばらしいことです。私たちは誤解されたり、不利な立場に立たされても心配する必要はないのです。もし私たちがそういうことの中に神のみ手を見て、神に感謝するなら、このような状況がかえって喜びと力になるのです」

私たちが神を讃美するとき、他の人がキリストに導かれます。逆にもし私たちが、毎日のさないな、いらいらする事の中で信仰のない人たちと同じようにブツブツつぶやき不平を言うなら、人々は信仰をもっていようがいまいが、実際には何も変わりはないではないか、と思うでしょう。私たちの日常生活のささいな事柄についてもキリストを信じると信じないではこんなにも違うのだという事実を彼らが見ることができないならば、いくらイエスが必要だと説いても、どうして彼らが信じるでしょうか。

私たちの中にあるキリストの命に他の人たちを引きつけるのは、私たちの語る言葉ではなく、私たちがどういう人間であるか、どういう態度、行動をとっているかによるのです。それは私たちの日常生活において最もよく現われます。仕事が遅れたり、困難に直面したりする時、あるいは突発事故に、あるいは毎日出くわす事に、私たちはどう反応するでしょうか。世間の人たちと何の違いもないように反応するでしょうか。それとも私たちの態度を見た人たちが足をとめて、「あの人はどこか違ったところがある。私が必要とする何かを持っている」と言うことになるでしょうか。

ある夫妻が「獄中からの讃美」を読んで、すべての事に感謝することは神のみこころであるという確信を与えられました。ある日の夜、午前二時半頃、ガラスの割れる音で彼らは目がさめました。外を見ると、車の窓ガラスが全部たたき割られ、犯人の若者たちが角を曲がって逃げて行くのが見えました。

この夫妻は、神を讃美する機会を神が与えてくださったのだと考え、共にベッドにひざまずき、この事を神に感謝しました。

その翌朝、夫が車を修理のためガレージへ運んで、事の次第を話しました。

「主に感謝します。この事の背後に神はきっと驚くべき目的を持っておられるのですよ」と彼は言いました。

ガレージの主人は首を振って言いました。

「私がそんな目にあったとしたら、そいつらに弁償させないでおくもんですか」

「その必要はないんです。神がこの事に関係しておられます。私が腹を立てる必要はないわけです」と彼は笑って説明しました。

ガレージの主人はしばらく彼をじっと見つめて言いました。

「私はクリスチャンになってもう何年にもなるんですが、乱暴されたことを神に感謝するなんて、まだ聞いたことがありませんよ」

ふたりは話を続けました。彼はガレージの主人に聖霊のバプテスマのことや、また讃美によって神の力が解放されることについて話しました。

「待ってください。聖霊のバプテスマのことは、私はもうあきあきするほど聞いていますよ。いつも見えるお客さんの中にその事ばかり話す方がいるんです。しかし神を讃美することについてもっと話してください。それには興味があります」とガレージの主人は言いました。

聖霊のバプテスマも、神をたたえる讃美も両方とも、全く神を信頼して自らをゆだねることからくるので、この二つはひとつに結びついていると思う、と彼は説明しました。ついにこの主人は、聖霊に満たされたビジネスマンの集会の招きを受け入れました。その集会で、彼は聖霊のバプテスマを経験したのです。

次にこの主人は、すべての事に感謝しようと決意しました。第一番目は仕事のことでした。この二年間、商売は悪くなる一方で、倒産の心配さえあったのです。その翌日の午後、従業員のひとりが悪い知らせをもってきました。事故に遭ってトラックを壊したというのです。これは倒産という羽目になる最後の一撃になりかねませんでした。

その主人は若い従業員を見ました。彼は、いかにも主人の怒りの爆発を予期している様子で青い顔をし、震えながら立っていました。ところが主人は怒るどころか、笑って腕をその青年の肩にかけて言いました。

「この事故を神さまに感謝しよう。そして神さまがこのことを益としてくださることを信じよう」

型通り、保険金の請求が出されました。主人の驚いたことには、その保険金で緊急の支払いをすることができたのです。この事故が彼の事業の転機点となって、以後彼の収益は著しく増え始めました。事業ばかりか、その事故は主人の人生そのものにおいて、もっと大切な転機点となっていたのです。彼は今や生活のあらゆる領域で、ますます大きくなる喜びと平安を経験するようになったのです。さらに今度はその彼の一目でわかる喜びに触れた多くのお客たちが次々とイエス・キリストを救い主として知るようになったのです。

キリストの喜びが私たちのうちに解き放たれてくるとき、他の人たちが主に引き寄せられてくるのです。

ある時、夜のおそい集会の後、私はレストランに入ってミルクを一杯注文しました。ウェイトレスは会釈してミルクを取りに行きました。まもなく彼女は怒ったようなしかめ面をして出てきました。

「申しわけありません、お客さま。誰かが冷蔵庫に鍵をかけてしまって、ミルクをおもちできないのです」

「主よ、感謝します」と私は無意識にこたえました。ウェイトレスは当惑したようでした。

「どうしてそんな事おっしゃるのですか」

「私はすべての事を感謝することを学んだのです。神に信頼するなら、主はすべての事を働かせて益としてくださることを信じているからです」

「あなたはどういう宗教の方ですか」と彼女は不審げに尋ねました。

「メソジストです」

「私はバプテストですが、こんな事を感謝するなんて聞いたことがありません」

「あなたはバプテストのクリスチャンですか」と私は尋ねました。彼女はためらいがちに答えました。

「ええ、まあそうだと思います。でも確信はまだありません」

私は言いました、「はっきりした確信を持てるんですよ。イエスさまは永遠のいのちを無償の贈り物として私たちにくださるために、この世に来られたのです。私たちのすることはただ罪の許しを主に求めて、主が許してくださると信じることです。あなたにその願いがおありなら、私は今あなたと一緒に祈って、神がこの無償の贈り物を与えてくださるようにお願いしたいのですが……」

「はい、どうぞお願いします」と彼女は熱意をこめてうなずきました。

私は手を彼女の肩におき、ふたりは頭をさげました。その人影のないレストランで、真夜中過ぎに、私は神が彼女の信仰をさまたげから解放して、キリストによる永遠のいのちの確信を与えてくださるようにと祈りました。

涙が頬に流れていました。

「私は今までこんな気持になったことはありません。まるで大きな重荷が背中からころがり落ちたような感じです。もう私は自分がクリスチャンであることを確信できます」と彼女は言いました。

ミルクが欲しい時に、それがもらえないのを感謝するなどということは筋が通らないと思えるかも知れません。しかし、どんな小さな事でもすべて神に感謝するようになるにつれ、神は私たちの讃美を用いて、不幸な疲れた人々をご自身のもとに引き寄せられるのです。主は彼らの心配と不安の重荷を、きよい喜びと平安に変えられるのです。

ある時、私はアトランタの空港で、飛行機を待っていました。その時、ひとりの見知らぬ人が突然、私が横の低いテーブルの上に置いていた書類入れのカバンをもち上げたのです。かけがねをはずしていましたので、中のものがみな床の上に落ちてしまいました。書類は四方にとび散り、歯ブラシはケースから飛び出して汚い床の上に落ちたのです。私はこの見知らぬ人のことで、平静を失いそうになる衝動をおさえながら小声で祈りました。「主よ、この事をあなたに感謝します。あなたは何かの理由があってこのことを許されたのです」

その人は恥じ入って、あやまりながら急いで散らばったものを拾い始めました。私も一緒に拾い始めた時、彼はこちらを見上げて言いました。

「私を覚えておられないでしょうね」

「ええ、どうも思い出せませんが……」

彼の言うには、私たちは数か月前ほんの短い時間、顔を合わしたことがあったのです。彼は今疲れ、意気消沈した状態で、だれか自分を助けることができる人に会わせてくださいと祈りながら空港を歩きまわっていたのだというのです。

「私はあなたを見たので、隣りに座ろうと思って、あなたのカバンをもち上げたのです。神様があなたに会わせてくださったのだと信じます。カバンのものをすっかり床にほうり出した時、どうしてあのように平静でおられたのかを説明してくださいませんか」と彼は言いました。

私は大喜びで、私たちが神を愛するならすべての事が働いて益となる、ということを信じるのはどんなにすばらしいことか、書類カバンがひっくりかえされるというような小さな経験は、神に感謝し神が働かれるのを見守る絶好のチャンスであるということを話しました。

彼は驚いた表情でいくつかの質問をしました。私の乗る飛行機が飛び立つ時刻になった時、彼は言いました。「フロリダのフォート・ローダディルに私のお客様として、できるだけ早い時期に来ていただけないでしょうか」

驚いたのは今度は私の番でした。フォート・ローダディルに行く道を神が備えてくださるように私は前から祈っていました。そこにいるクリスチャンたちのうちに神が今なしておられるみわざについてずいぶんいろいろと聞かされていたからです。

パウロはピリピのクリスチャンたちに書き送りました。

「すべてのことを、つぶやかず、疑わずに行いなさい。それは、あなたがたが、非難されるところのない純真な者となり、また、曲った邪悪な世代の中にあって傷のない神の子どもとなり、いのちのことばをしっかり握って、彼らの間で世の光として輝くためです。……私の兄弟たち。主にあって喜びなさい。前と同じことを書きますが、これは、私には煩わしいことではなく、あなたがたの安全のためにもなることです」（ピリピ二・一四―一六、三・一）

不平をやめてキリストにあって喜びこと、それによってはじめて私たちは暗い世の中にあって「いのちの言葉」をかかげて、灯台の光のように輝くものとされるのです。このことはピリピにおいてそうでしたし、今日もそうなのです。

つぶやくことをやめて、まわりに見られる暗いこと、ゆがんだことのすべてを主に感謝しようではありませんか。そうすれば、神の光が暗闇に輝いてくるのを見ることになります。

第七章　主イエスのよろこび

「主のよろこびはあなたがたの力です」と預言者ネヘミヤは言いました。〔ネヘミヤ八・一〇〔リビング・バイブル〕〕

イエスが、自分が来たのは十字架の犠牲によって、弟子たちをあがない取るためだけでなく、弟子たちを支え励ますご自身のよろこびの力を与えるためでもあったということを彼らに分からせようとされたのは不思議ではありません。

「あなたがたは今まで、このことをしてみたことはありません。〔しかし今始めなさい。〕私の名を用いて求めるのです。そうすれば受け取ります。そしてあなたがたの喜びの杯は満ちあふれるでしょう」とキリストは弟子たちに言われました。〔ヨハネ一六・二四〔リビング・バイブル〕〕

主のよろこびは、求めるなら私たちのものとなるのです。

イエスは捕らえられる前、私たちのために祈られました。「……私の喜びが彼らのうちに満ちる〈完全になる〉ためです《彼らのうちに実現した私の喜びを彼らが経験するため、私の喜びが彼らの魂のうちでまっとうされるため、彼らの心を満たす私の喜びを彼らが自分のうちに

持つためです》」（ヨハネ一七・一三〔詳訳聖書〕）

新しく生まれたクリスチャンはだれでも、自分の救いは無代価の贈り物であることを知っています。信仰によってイエス・キリストを自分の救い主として受け入れた時、聖霊によって新たに生まれたのです。さて、神の無代価の贈り物には、ただ神の子として新しく生まれること以上のものがあるということを多くのクリスチャンが分かってくるようになりました。「聖霊のバプテスマ」も信仰によって与えられるのです。しかし、イエスが「彼のよろこび」をも私たちのために備えていてくださることを悟っている人はごく少ないようです。主のよろこびも他の恵みとともに、信仰によって求めることができるのです。

もし、主のよろこびが私たちの力であるならば、それはいろいろの目標が成就、達成されたあとで、ケーキの上の飾りのように、最後につけ加えられるものでないことは明白です。それは最初から私たちに必要な何かなのです。「良い知らせ」を全世界に伝える働きのために、私たちの支えとなり力となる何かです。

パウロはコリントの人たちに書き送りました。

「私があなたがたの所へ行く時、あなたがたの信仰のためには大してお役に立てないと思います。あなたがたの信仰はすでに強いからです。けれども、私はあなたがたの喜びのために何かお役に立ちたいと思います。あなたがたを悲しませるのでなく、喜ばせたいのです」（Ⅱコ

リント一・二四〔リビング・バイブル〕)
パウロは立派な贈り物を持って行ったり、何か愉快なことをしたりして、彼らを喜ばせようと思ったのではありません。パウロは彼らがすでに与えられているよろこびのことを思い出させようとしたのです。パウロの願いは聖霊によってうちに植えつけられているよろこびがもっと開発されるために彼らがさらに喜ぶことを学んでほしかったのです。
活動的なキリストの証人は、いつも外側は試練と苦難にとり囲まれるものだということをパウロは知っていました。そして彼らのよろこびは、内側においてキリストのうちにとどまっていることからわき上がってきたのです。
「ただ聖霊は私にはっきり……投獄と患難が私を待っていると町々で証言されるのです。しかし、このような事によって私は少しも動かされません。また私は、私の一生を喜びをもって終了し、主イエスから……得た務め、すなわち神の恵み……の良い知らせ……を忠実にあかしする務めをまっとうすることさえできれば、私のいのちも自分にとって惜しいものとは思いません」(使徒行伝二〇・二三―二四〔詳訳聖書〕)
もし、よろこびがイエスによってすでに与えられているのなら、どうして多くのクリスチャンがよろこびのない生活をしているのでしょうか。
イエスは、ご自分のよろこびが私たちのうちに全うされるようにと祈られました。その意味は私たち人間が自分の力で自分を救ったり、平安を与えたり、もっと愛の深い人間になったりできないのと同様、自分の力で喜びに満ちた者となることもできないということです。私たちにできることはただ、イエスが私たちのためにしてくださった事を信頼して受け入れ、イエスによって私たちのうちに彼のよろこびが全うされるようにゆだねることです。

これは実際にはどういうことかといいますと、私たちが自分の感情には無関係に、意識的に喜ぶことを始めるということです。そのとき神が働かれ、約束通りに悲しみを純粋な喜びに変えてくださると信じることです。

愛、喜び、平安はみな、私たちのうちにある御霊の実なのです。イエスは弟子たちに、この御霊の実をどのように開発するかについて話されました。

「父が私を愛されたように、わたしもあなたがたを愛しました。わたしの愛の中にとどまりなさい。もし、あなたがたがわたしの戒めを守るなら、あなたがたはわたしの愛にとどまるのです。それは、わたしがわたしの父の戒めを守って、わたしの父の愛の中にとどまっているのと同じです。わたしがこれらのことをあなたがたに話したのは、わたしの喜びがあなたがたのうちにあり、あなたがたの喜びが満たされるためです」（ヨハネ一五・九―一一）

よろこびの源泉は幸福な環境の中にあるのではなく、イエスの戒めを知り、それを守り、イエスのうちにとどまっていることにあるのです。

エレミヤは書きました。

「私はあなたのみことばを見つけ出し、それを食べました。あなたのみことばは、私にとって楽しみとなり、心の喜びとなりました」（エレミヤ一五・一六）

よろこびとはたしかに、私たちの感じるはずの何かです。それは幸福で、ゆたかな、楽しい経験であるはずです。しかし、よろこびは感情に基づくものではありません。私たちはよろこびを感じるから喜ぶべきであるというのではなく、むしろ喜んだ結果としてよろこびを感じるのです。

ダビデは喜ぶことの秘訣を学び知っていました。「おののきつつ喜べ」と彼は詩篇二・一一に書いています。

「今、私のかしらは、私を取り囲む敵の上に高く上げられる。私は、その幕屋で、喜びのいけにえをささげ、歌をうたい、主にほめ歌を歌おう」（詩篇二七・六）

長い間私は、よろこびとは、自分が満足して、まわりが万事幸福な時に経験するものであると考えていました。しかし、今ではよろこびは私の感情の中にわき上がってくるのではなく、私の意志が引き金となって起こるものであり、それは讃美の生活の本質的な部分であることが分かりました。

「神を敬う人々のすべてのよろこびが、主への讃美からわき上がるように。主をほめたたえることは正しいことだからである」とダビデは詩篇三三・一〔リビング・バイブル〕に書いています。

よろこびと感謝と讃美は互いに結びついています。そしてすべての事で神を讃美し神に感謝するということは、私たちがすべての事を喜ぶようになるまでは完成しないのです。

聖霊に満たされ、長年積極的な働き人であったクリスチャンのある老婦人が、関節炎で体が不自由になりました。何年も続く苦痛のため、彼女は生きることのよろこびをすっかり失いました。家の中のごく小さな仕事すら苦しみでした。そしてますます意気消沈していきました。

神のいやしを信じて何回もいやしの集会に行ったのですが、状態は悪くなるばかりでした。ある日彼女は、すべての事を感謝することによって与えられる力についての話を聞きました。そして自分もやってみようと決心しました。それは彼女の場合、容易ではありませんでした。毎日が夜も昼も痛みの連続だったからです。しかし彼女は、この苦痛を含めて自分の生活のあらゆる部分を心から神に感謝しようと努めました。

ある日、お盆にいろんなものをのせて台所をそろそろと歩いていた時、突然そのお盆を落としてしまって、のっていたものが全部床一面に散らばりました。背中は痛むし指はこわばっているため、かがんでそれらを拾い上げることもできません。今までは、ものを落とした時、自己憐憫《れんびん》の涙を流すのが常でしたが、この時は、神を讃美するという約束を思い出したのです。

「主よ、ありがとうございます。床の上にみんな落としてしまったことを感謝します。これを私の益になるようにしてくださることと信じます」と彼女は祈りました。

瞬間、彼女は台所に自分の他にだれかがいるのに気づきました。彼女はひとりだったのです。ところが今、だれかがいるのを感じました。驚いたことに、彼女は天使に囲まれているのが分かりました。その天使は笑い、喜んでいました。そのよろこびは自分のためであることを知りました。突然、彼女は悟ったのです。

「心を変えられたひとりの罪人に対して、神の御使いたちの間に喜びがわき起こるのです」とイエスは弟子たちに言われました。（ルカ一五・一〇〔フィリップ訳〕）

彼女は確かに、奇跡的に心が変えられ、救われた罪人でした。彼女はその時まで長年の間、自己憐憫《れんびん》にひたり、またこんなに自分が苦しんでいるのを神は黙って見ておられるのかという神への不平でいっぱいでした。いやしを求めながらも、心の中では神が自分をこんなにみじめにされたのだと思っていたのです。ついに自分のつぶやきが不信仰からくるものであることを悟ったのです。そしてお盆をひっくりかえすという事も神に感謝し讃美するほど神に信頼した時、天使たちの間に喜びがあったのです。

彼女は台所の真ん中に立ち、部屋に満ちあふれた喜びに自分がひたされているのを感じました。このようなよろこびをもたらすことになったその苦しみを神が黙認されていたことを、今や心からよろこびをもって神に感謝することができたのです。

その後まもなく、彼女は、病人のための祈りがなされる集会に出席しました。そして、確信に満ちて前に進み出ました。以前はいつも病気の重苦しい感じが信じる力を妨げていたのですが、今や、彼女の信仰は感じに捕われてはいませんでした。苦痛がどんなに激しくとも、自由に信じることができたのです。その夜、彼女は即座にいやされました。苦痛はすっかりなくなりました。ゆがんだ関節は真っすぐになりました。

私たちはみな習慣の動物です。長い間、私たちは感覚の指令に従ってものごとに反応してきました。しかし、キリストはご自身のよろこびが私たちのうちに満ちあふれ、まっとうされるために来られ、私たちのうちにおられるのです。

喜ぶことの第一歩は決して私たちの感情や思いや感覚からは始まりません。それは聖霊によって生まれた霊という部分から始まるのです。それは私たちの意志のある所です。感覚にではなく、意志に行動の主導権をもたせるほど、私たちはどのような状況にも、ますます讃美とよろこびと感謝をもって応じることができるようになることを体験します。感じ、感覚に依存していた以前の態度はだんだん弱まり、それを続けて行くにつれて、意志と霊においてはじまるよろこびが、感覚にまでひろがって行くのを体験するのです。

最初は神のみ言葉への服従の行為として始まった事が、ついに今まで知ることのなかった、あふれる讃美と感謝とよろこびを感覚でも、感じでも、知性でも体験するまでにいたるのです。

私たちが徹底的に神のみこころに従い、その結果私たちの中にあるすべての障害が一掃され、練られ、変えられ、新たに神のための完ぺきな器とされるとき、主のよろこびもまた私たちのうちにまっとうされるのです。

二十年ほど私は胃が悪くて苦しんでいました。いろんな種類の食物が胃の調子をひどく悪くするのでした。多くの医師にかかり、あらゆる薬を飲みましたが効きませんでした。

神がいやしてくださると信じて祈りました。しかし目にみえる効果はありませんでした。他の人たち――いやしの伝道で有名な指導者たち、祈りのグループの人たちや友人たち――も私のために祈ってくださいました。しかし状態は変わりませんでした。

マルコの福音書十六章の、毒を飲んでも害を受けないというイエスの約束の果されるのを要求して、私はしばしば出されるものを何でも食べました。しかし、何度も苦しい目にあいました。病状はひどくなり、夜も眠れず、われながら情け無い気持でした。

最後に私は、キリストが私のために死んでくださったことによって、私はすでにいやされているという事実を信仰によって受け入れる決心をし、また症状は神がよしとされる時になくなると信じる決心をしました。数年間、この確信をもち続け、神が私の益のために、私の生涯にこんな仕方で働いてくださっていることを神に感謝して過ごしました。

軍を去る前に、医師たちは私の胃を手術することに決めました。ところが切開してみたところ、私がその時まで数年間悩まされてきた苦しみの明白な原因を、医師たちは発見できませんでした。従って彼らは私の状態をよくするためにどうすればよいのか分からなかったのです。

手術後、病院のベッドに横たわっていた時、苦痛が以前になかったほど激しくなりました。鎮痛剤も麻酔薬も効きませんでした。何時間も眠れず、本当にその部屋の暗闇が押し迫ってくるかのように感じながら横になっていました。私はまわりをうろついている悪しき闇の力を身近に感じ、その恐怖に屈服しそうになる誘惑と必死に戦いました。死にたくはなかったのですが、このような惨めな姿で生きていることを恐れたのです。

その暗闇がいよいよ大きくなったと見えた瞬間、私は叫びました。「主よ何が起ころうとも、どのように惨めになろうともかまいません。このこと全部をあなたに感謝します。あなたがここから何かよいことを起こそうとしておられることを信じます」

その瞬間、病室の暗闇は太陽よりも輝く白光で破られ、追い払われました。その光は数年前、幻で見たのと同じような輝いた光でした。その時、聖霊がその幻を私に説明してくださいました。すなわち、陽の輝く牧場をおおうように黒雲がただよい、その雲の上には輝く白光があるのです。雲の上高く、キリストがすでに私たちのために確保してくださっているよろこびと祝福があるのです。しかしそこへ到達するためには、混乱と苦しみの黒雲を真っすぐに貫くはしごを上らねばなりませんでした。その雲の中は、私たちの普通の感覚――見、聞き、感じる――を用いても、方向を知ることができないのです。ただ信仰によって一段一段神を讃美することによってのみ、そのはしごを上ることができるのです。暗い雲を貫いて上っていく間に、感覚に頼る気持が取り除かれて、神のみ言葉に信頼することを学んでいくのです。讃美のはしごは私たちを高く天に引き上げ、そこでキリストと共なる座を与えてくれるのです。

この驚くべき輝く光に全身を包まれて病院のベッドに横たわっていた時、かつて幻であったものが今や現実になっていることを、私は突然悟りました。

神が私の苦しみを益とされていると信じて、信仰によって歩んできた数年間は、暗闇と不安の黒雲の中を上っていく数年間だったのです。その雲がなければ、私は自分の感覚と感情に頼る気持を捨てることを決して学ばなかったでしょう。今や、私はその黒雲をさらに大きくするすべての状況から神に感謝できるようになりました。他のどんな方法で私は徹底的に神に信頼することを学び得たでしょうか。他のどんな方法で私は、このようにうるわしい光とよろこびにひたることを経験し得たでしょうか。

病院から退院した時、胃の状態についても神は何かをしてくださったことを知りました。かつては何時間もの苦しみにさらされたその食物にも、もはや悩まされなくなりました。何年もの間、遠ざけていたいちごも、りんごも、アイスクリームも今は安心して食べられるというこの新しい自由に私は歓喜しました。

過去数年間、他人のために祈れば、すぐにいやされたのです。けれども神は私をみ言葉に信頼させることによって私の信仰を強める道を選ばれたのでした。

讃美は神のいやしの力を解放します。しかし、いやしは第二次的なものです。自分自身の安楽や、いやされて体の苦しみから解放されたいという願いを第一にしている間は、私たちは間違った見方をしているのです。そのような態度をもっていると、結局は私たちのための神のご計画がわからなくなります。

何年間か、私はいつか歯を失うことになるのではないかという心配がありました。ある日、歯ぐきがひどくおかされていて、歯のまわりの骨もだんだん悪くなってきていると歯科医から宣告されました。レントゲン写真が悲しくもそれを示していました。私はまもなく歯を失うということになりそうだったのです。

意気消沈して、私は歯科医院を出ました。もちろん、このことを絶えず神に感謝すべきであると知ってはいたのですが、やはりあまり嬉しい気持ちにはなれませんでした。

私は祈りました、「主よ、ありがとうございます。私の歯をこんなに悪くしてくださったことを感謝します。私にとって何が最善であるかを私自身より、あなたの方がよく知っておられると思います。ですから主よ、あなたを讃美します」

祈っているうちに、感謝の気持ちも起こってきました。そしてある友人がやって来た時、私は新たに主を讃美することになったこのことについて話しました。

「いやしのために祈られましたか」と彼女はたずねました。

「いいえ、歯を失うことはやきもきする事ではないとやっと悟ったのです。このことも神のゆるしがなければ起こり得ないのですから」と私は答えました。

「あなたがよい歯をもつことが神さまのみこころだと私は思います」そう言って、彼女は私の肩に手を軽くおいて祈りました。

「愛する主よ、マーリンの歯がこんなに悪くなったことを感謝します。私たちはあなたを讃美します。そしてこの事であなたが栄光をおとりください。今、マーリンにみ手をおいて完全にいやしてください」

三日後、私はまた歯科医院へ行きました。医師が私の新しいレントゲン写真を注意深く調べている間、私はジッと彼を見守っていました。医師は心配そうな当惑した表情でした。そしてもう一度口の中のレントゲンを撮りました。彼は頭を振って小声で何かつぶやきました。私は「予想以上に悪いのかも知れない」と思いました。

ついに医師は一歩さがって、私を頭の先から足の先までじっと見て、言いました。

「一体、あなたは歯に何をなさったのですか?」

「何もしていませんよ」

「それじゃ、どうも分かりませんな」彼は古いレントゲン写真と新しいものとを見くらべました。

「骨には何一つ欠陥はないし、歯ぐきも、感染状態やはれもなくなっています。口全体が完全によくなっています」

私の顔はほころんできました。神のいやしを知らされるということは、なんとすばらしいことでしょうか。しかし、もっとすばらしいのは、いやしがもはや肝心な問題ではないことがわかったことでした。義歯を入れなければならないことを、絶えずくよくよしていたその不安がなくなっていたのです。まともな歯があるにしてもないにしても、本当に問題なのはキリストと全く一つになること、そして私の人生のすべてのささいなことに対しても配慮してくださる神の愛に信頼することであると、今や私は悟らされたのです。

最近、ニューハンプシャーの一婦人から手紙を受けとりました。彼女は十代の息子と二人暮しでした。彼女は二つの大手術のあとで、寝たままで絶えまない苦痛の中にあったのです。その病床から手紙をくださいました。

「神の大いなる真実ゆえに主をほめたたえます。私は最後の手術のあと、大変心が沈んでおりましたが、ある方が『獄中からの讃美』をくださいました。私はこの病気のゆえに神を讃美し、イエスさまを仰ぎ見ることを決心しました。苦痛はなくなっていませんが、その時以来、救い主をより深く知るようになりました。そしてそれ以来、聖霊がとても言いようもなく慰め、助けてくださいます。

ある友人たちは、私を罰するために神は私を苦しめておられるのだと言いました。しかしそうではないことがわかりました。イエスさまは決して私を責めませんでした。

それどころか、主の愛について多くを教えてくださいました。この過去数か月間に、主はみ言葉によって私の心と生活の中にある、あってはならないこと、キリストにふさわしくない気持ちや思いを示してくださいました。神さまはその驚くべき愛によって私を許し、私の生涯の古傷のあらゆる痕跡をいやしてくださいました。

私はつらい情況や苦痛をすらイエスさまに感謝することを学びました。私は全身全霊をもってイエスさまを愛しています。なぜ、イエスさまが私をこんなふうに導かれるのかは理解できません。しかし、私は自分の弱さの中で喜ぶことができ、弱さを〝楽しむ〟(Ⅱコリント一二・一〇)ことができ、また神のために このような道を歩んでいることを喜ぶことができる以上、そのことゆえに神をほめたたえます。

私は多分また、三回目の手術のために、病院へ戻らねばなりません。このことを神さまに感謝します。神はこのことの中にも働いて、益としてくださることを信じています。神は私をいやすことができるお方です。私は、神が愛において私にとって最善であると決定されることは何でも（いやされないことであってもそれを）神に感謝します」

彼女の手紙は見せかけでないよろこびと感謝にあふれていました。肉体はなおも苦痛の中にありましたが、気持ちと内なる人がいやされ、キリストにあって神とのすばらしい関係に入っていました。そしてそれ以外のことはみな、肉体のいやしすらも二次的なものになっていたのです。

キリストにあって神とひとつになることこそ、パウロが熱心に追い求めていた目標でした。イエスが地上に来られた目的は、人間と神とをへだてる罪の障壁を取り除き、本来意図されていた通りに創造主なる神がご自分の被造物と再び一つとなるためでした。イエスはそのことを知っておられたのです。

十字架を前にしてイエスは私たちのために祈られました。

「わたしは、ただこの人々のためだけでなく、彼らのことばによってわたしを信じる人々のためにもお願いします。それは、父よ、あなたがわたしにおられ、わたしがあなたにいるように、彼らがみな一つとなるためです。また、彼らもわたしたちにおるようになるためです。そのことによって、あなたがわたしを遣わされたことを、世が信じるためなのです。

またわたしは、あなたがわたしに下さった栄光を、彼らに与えました。それは、わたしたちが一つであるように、彼らも一つであるためです。

わたしは彼らにおり、あなたはわたしにおられます。それは、彼らがまっとうされてひとつとなるためです。それは、あなたがわたしを遣わされたことと、あなたがわたしを愛されたように彼らをも愛されたこととを、この世が知るためです。

父よ、お願いします。あなたがわたしに下さったものをわたしのいる所にわたしといっしょにおらせてください。あなたがわたしを世の始まる前から愛しておられたためにわたしに下さったわたしの栄光を、彼らが見るようになるためです。

正しい父よ、この世はあなたを知りません。しかし、わたしはあなたを知っています。また、この人々は、あなたがわたしを遣わされたことを知りました。そして、わたしは彼らにあなたの御名を知らせました。また、これからも知らせます。それは、あなたがわたしを愛してくださったその愛が彼らの中にあり、またわたしが彼らの中にいるためです」(ヨハネ一七・二〇―二六)

このようにイエスは祈られました。そしてこの祈りは確かに答えられたのです。パウロは、私たちがすでにキリストと共なる座についているのだと教えています。キリストが私たちのうちに住んでおられるのです。私たちはキリストにあって父なる神と一つなのです。

これらのすでに成就された事実の意味がほんとうに分かり始めますと、人生の他のいろんな事がみな正しい角度から見え始めます。かつては私たちのキリストに対する関係にはそぐわないように見えて、ひどく心を悩ませていた外側の状況が、今では神が私たちの生涯のために遂行しつつあるご計画の中に完全にピッタリ適合していることが分かってきます。まだ、そのご計画が見えるわけではありません。しかし私たちの主であり師であるイエス・キリストが見えるのです。そして神にはご計画があって、そのご計画は良いものであることが私たちには分かるのです。

「獄中からの讃美」が出版されて以来、多くの手紙が全国の刑務所や感化院にいる人々から来ています。

あるひとりの死刑囚がこんな手紙をくれました。

「私は電気椅子の死刑を宣告されています。私は死なねばならないことが分かっています。長い間、死の向こうに何の希望をも持っていませんでした。恐怖が私の考え全体を支配していました。私は神にも人にも捨てられたと思っていました。その時『獄中からの讃美』を読んだのです。まるで私は生きかえったようでした。神は現実的な方であり、すべての人の人生に働いてみ子を『救い主』として、『主』として受け入れさせようとしむけておられるのだということを私はあえて信じます。

私は自分の汚い人生をふりかえって、しみじみと悟りました。いっさいのことは私が神を求めるようになるために、神のゆるしによって起こったのであると。実際、私は神を求め始めたのです。そして目のくらむようなある瞬間、私はすべてのことは神がそこに働いておられ、私たちの益となり、神の栄光となるようにしておられるのだということを知ったのです。生まれて初めて、私は自分の全人生が神によって祝福されていることを、また御子を信じる信仰によって私は主のものであることを知りました。今、私は本当に自由で、神の平安と喜びに満たされています」

また、別の囚人はこのように書いています。

「私はすべての人間、すべての事を憎むようになっていました。どんなに頑張っても、私は自分が生きていることを喜ぶ理由を見いだせませんでした。ある人が『獄中からの讃美』をくださいました。最初それを読んだ時、ナンセンスな話だと思いました。しかし考え直してみるうちに、だんだんと私の台無しになった自分の人生を神に感謝してみようという気持ちになってきました。『いずれにせよ自分はどん底にいる。どっちにころんでも損はない』と考えたわけです。

私はこれまでの自分のことを、思い出すままに一つ一つ考え始めました。そして、その一つ一つが私のための神のご計画の一部であることを神に感謝しました。こんなことはばかげたことのように思えましたが、私は無理に続けました。そうしているうちに、何かが心の中に起こり始めました。私の混乱した人生の中に、神ご自身が個人的に係わっておられると考え始めたのです。神がこの私に関心を持っておられたなどということが、本当にありうるだろうか？忘れていたいろいろな事がひとつまたひとつと次第に思い出されてきました。以前はそれらを悲劇だと思っていました。しかし今では、それらはみな、私には神が必要だということを確信させるための神の真実やご計画の一部であったと考えられるようになってきました。

私は自分の人生のどんな細かい事も神に感謝しました。憎んだり、迷惑をかけたり、中傷したり、裏切ったりした人たちのことを神に感謝しました。

よろこびに満ちた平安があふれてきました。すべてのにがにがしい過去を神がいやしてくださっていたのです。獄の壁はとけ去り、代わって平安が私を取り囲みました。壁や囲いがあっても、もはや私は囚人ではありません。キリストにあって自由にされたのです。神をほめたたえます」

またもう一通、こんな手紙が西部地方の刑務所にいるクリスチャンから来ました。

「神を讃美します。私たちの教会と夕方の聖書研究グループのメンバーがだんだん増えてきています。先週三人がキリストを自分の救い主として受け入れました。この建物の中で、毎週三人の人がイエスさまのもとに来るなら、それは何を意味するでしょうか。ご想像ください。

（後日の手紙には、その翌月、十二人がキリストを受け入れ、四人が聖霊のバプテスマを受けたと書かれていました）フォート・ベニングの兄弟がたのお祈りを私たちは本当に感謝しています。この刑務所の中で、主はそのご臨在をこれまでになく強く感じさせてくださっています。……神は私たちの祈りに答えてくださっています。いつの日か私たちは、ここにいる囚人のうちから大ぜいの人々がイエスさまのものとなるのを見ることでしょう。『獄中からの讃美』を読んで、どんなに祝されてきたことでしょうか。私たちは刑務所のなかでテープを使って礼拝や伝道もできていることを喜んでいます。ここにいても私たちは『外の』キリストにある兄弟たちの説教を実際に聞くことができます。

神さまは本当に偉大です。八年前、私は強盗傷害罪で十年から八年の判決を受けてこの刑務所の門をくぐりました。私の将来は警官の銃弾に倒れるか、それともアルコールに溺れて何もかも忘れる生活以外何もないと考えていました。私はいろいろな社会復帰の試みもやってみましたが、仮釈放され出所したあと、まる三月と二十五日間酔っぱらった状態で、また刑務所に戻されました。

ところが、六か月前のことです。イエス・キリストが私のうちに急激な変化を起こしてくださったのです。聖書に記されている通りに私は変えられました。『だれでもキリストのうちにあるなら、その人は新しく造られた者です。古いものは過ぎ去って、見よ、すべてが新しくなりました』（Ⅱコリント五・一七）その時以来、イエス・キリストが私のうちのうすぐらい、くもの巣だらけのすみずみをくまなく照らし出し、大掃除をしてくださっています。主をほめたたえます！　キリストが備えていてくださっているものに比べれば、人間が提供するどんな社会復帰の計画も取るに足らないものです。人間は内側から人を変えることはできません。キリストだけがおできになるのです。

イエスさまはすばらしい方です。イエスさまは神の愛の光を私に注いでくださいました。主とともに生きるよろこびが、日一日と深まって行きます。

囚人たちの中にますます信仰が目ざめていき、また新しい回心者の信仰が強められていくために、私たちとともに祈ってくださいましてありがとうございます。……イエスさまにある兄弟たちからよろしく」

キリストにあるこの兄弟は、暗くて困難と思えるこのような境遇の中で神を讃美しているのです。しかし彼にとっては、この暗くて困難な状況が、全くその様相を一変したのです。彼は今や、イエス・キリストの中で生きるよろこびを知っています。そして彼の人生において他のことはすべて二次的なものになってしまったのです。彼は今や、「いつも喜び、絶えず祈り、すべての事を感謝する」ことを知ったのです。「これが、イエス・キリストにあって神があなたがたに望んでおられることとです」（Ⅰテサロニケ五・一六—一八）

ジョン・ウェスレーはこの聖句の注解の中でこう書いています。「神にある絶えざるさいわいの中で、常に喜んでいなさい。絶えず祈りなさい。これは常に主を喜ぶことの結果です。すべての事について感謝しなさい。これは、上の二つの事の結果です。これがクリスチャンの完全なる姿です。これ以上に進むことはできません。これ以下で止まる必要はありません。私たちの主は私たちのために、義とともによろこびをもあがないとってくださったのです。罪から救われて、キリストの愛にあって歓喜することこそ福音の本来意図するところなのです。真の祈りと感謝とは分けることができません。真の祈りには必ず感謝が含まれています。常に祈る人は常に讃美しています。安楽の中にいようと苦痛の中にいようと、ものごとがうまくいこうと最大の逆境にあろうとつねに讃美しています。彼は起こってくるすべてのことを神に感謝し、それを神から来たものとみなし、それをただ神のために喜び受けるのです。そして、どんなことでも、それが神の完全なみこころに一致するか否かのみを考えて、選びとるか拒否するか、好むか嫌うかを決めるのです」(Notes on the New Testament)

すべての状況を神からのものとみなし、それを神に感謝し、神にある絶えざる幸いの中に生活すること、これがクリスチャンの完全な姿なのです。

私たちの生涯のための神のご計画には偶然と言えるものは何ひとつ存在しません。私たちにはどんなに奇異に思われ、矛盾と思われ、あるいは悪く見えようとも、明確な神の承諾なくしては絶対に何ひとつ起こり得ないのです。

その実例とも言える驚くべきことをある婦人が手紙を書いてよこしました。

彼女は生まれつき手が片方だけしかありませんでした。そして、他の子供たちと違うことが自分でも分かり始めた年頃からずっと、スカーフかストールを手首にかけて、そのハンディキャップを隠してきたのでした。彼女は自分の不具を絶えず意識し、苦しんでいました。年頃になると、その苦悩を忘れるために酒を飲みはじめました。

私に次の手紙をくださった時、彼女は五十六歳でした。

「六か月前、私は妹のところを訪ねました。妹はテープをかけて、自分の生涯のあらゆる問題や悲劇を神に感謝するというあなたのお話の録音を聞かせてくれました。それを聞いているうちに、私は誰かにおなかのあたりをなぐられたように感じました。むかつきを覚えたのです。長年の間、自分の不運を神に恨んできたあとで、それを神に感謝するなどという気にはなれませんでした。私は祈りました。『主よ、お忘れください。お酒をやめさせてくださったことは感謝します。しかし手のないことの不運をあなたに感謝することはできません』

ところが、どんなにしてみても神に感謝するという考えを心から振り切ることはできませんでした。それが昼も夜も私を悩ませました。私は祈りました。『主よ、どうぞ私にかまわないでください。あなたのためには何でもいたします。しかしこの事だけはできません。どうしてもできません』それでもなお、私は安らぎを得られませんでした。もう一度、そのテープをかけて聞きました。今度は、前のときに聞き落としていたところに気がつきました。『若い兵士とその妻が、自分たちをおびやかす恐ろしい事に直面していた。彼らはそのことを神に感謝できなかった。それでもやってみようと決意した。そのあと、いろいろなことが変わってきた』というようなことをあなたは話されました。その頃私は、少しでも心の安らぎが得られるなら、どんな事でもしてみようと思うようになっていました。それで神さまに、『感謝できないにきまっていますが、感謝してみようと思います』と申し上げました。するとそのとたん、長年の重荷が両肩からころがり落ちたかのようでした。私は主を讃美し始めました。涙が流れました。

ちょうど讃美歌に、『天が下ってきて、栄光が私を満たした』とあるとおりでした。そのよろこびのただ中で主は私に言われました。『ちょっと待ちなさい。まだ終っていません』私は座りなおしました。いったいこれ以上何があるのだろうか。今、全く自分を捧げて、今までずっと憎みつづけてきた私の不具を、神さまに感謝したばかりなのに……と思いました。しかし私の頭に、非常にはっきりと次の言葉が浮んできました。

『あなたの手首にストールやスカーフをもうかけるべきではありません』

私は即座に緊張を覚え、不満な気持ちで言いました。

『いいえ、主よ、それはあんまりです。それはおゆるしください』

『あなたがそれを隠しているうちは、本当には感謝していないのです。まだ恥じているのです』とやさしくとがめる言葉がきました。涙ながらに私は承服し、そして約束しました。

『そうするように努めてみます。けれども、そうできるようにあなたが力をお与えください』

その次の外出は、陪審員の役目に呼ばれた時でした。私は身支度して、無意識にストールの方へ手を伸ばしました。その瞬間、警告がひびきました。『だめです。だめです！』

『よろしい、神さま。ストールなしで出かけます。でも、取りに帰らないという約束はしません』と私は言いました。

生まれてはじめて、私は片手のないのを隠すおおいなしに玄関の外に踏み出したのです。ドアを閉めるやいなや、きまりのわるさ、恥ずかしさ、罪の感じはみな洗い去られてしまいました。本当に自由であるということはどういうことなのかを、私は生まれてはじめて知りました。ありのままの私を神さまは愛してくださっていることを知ったのです。主はすばらしいお方です」

私たちの人生のすべての出来事を、神は十分理由あって許しておられるのです。それを通して神は、私たちのための完全な愛深いご計画を実現しようとしておられるのです。神はこの婦人を愛するがゆえに、彼女が片手のない状態で生まれるのを許されたのです。神はヨブを愛されたがゆえに、サタンがヨブを悩ますのを許されたのです。神は御子を愛し、私たちを愛されるがゆえに、キリストが十字架にかかることを許されたのです。神はこの世のやみと悪の力が外見上の勝利――私たちの感覚には勝利と見えるもの――を得るのを許されました。しかしその間も、世の救いのための神の完全なご計画は成就されつつあったのです。

このことをだれよりもイエスが知っておられました。イエスが十字架上で、「わが神、わが神、どうしてわたしをお見捨てになったのですか」と叫ばれたのは、不平を言われたのではないかと、ある読者が書いてきたことがあります。

しかし、キリストが不平を言われたと考えることは、彼がご自分の十字架について語り、また行われたすべての事と完全に矛盾します。イエスは世を救うための神のご計画を細部にいたるまでだれよりもよく知っておられました。イエスはやがて来たるべきご自分の十字架と復活についてしばしば弟子たちに語っておられました。また十字架上のご自分の犠牲の死を預言している章句を、詩篇と預言者の書から弟子たちのために引用しておられます。やがて起ることになっているそのことを喜びなさいとさえ、弟子たちに勧めておられます。

「『わたしは去って行き、また、あなたがたのところに来る』とわたしが言ったのを、あなたがたは聞きました。あなたがたは、もしわたしを愛しているなら、わたしが父のもとに行くこ

とを喜ぶはずです。父はわたしよりも偉大な方だからです」(ヨハネ一四・二八)

彼はまた、ご自身の同意なしには誰も自分の命を取ることができないとも言われました。「父が私を愛されるのは、私が自分の命を再び取りもどすためにそれを捨てるからです。誰も私の同意なしに私を殺すことはできません。私は自らすすんで自分の命を捨てるのです。私は自分の欲する時にそれを捨てる権利と力を持っているからです。父がこの権利を私に与えられたのです」(ヨハネ一〇・一七―一八(リビング・バイブル))

弟子たちはありのままの真理を打ち明けられていたのです。ところが、いよいよ事態が緊迫してくると、彼らは悪の表面的な勝利につられて、逮捕しに来た兵士たちからイエスを守ろうとしました。

イエスは彼らを止められました。

「そのとき、イエスは彼に言われました。『剣をもとに納めなさい。剣を取る者はみな剣で滅びます。それとも、わたしが父にお願いして、十二軍団よりも多くの御使いを、今わたしの配下に置いていただくことができないとでも思うのですか。だがそのようなことをすれば、こうならなければならないと書いてある聖書が、どうして実現されましょう』」(マタイ二六・五二―五四)

イエスは神の言葉すなわち聖書は成就されねばならないことを知っておられました。私たちのどんな状況も行動も、神のみ言葉がついには実現することを決して妨げることはできません。イエスご自身でさえみ言葉に服従されました。彼は肉となられたみ言葉であられたのですが。

イエスの十字架のまわりをとり囲んだユダヤ人たちは、救い主が来られて彼らの罪のために十字架にかけられることになるという旧約聖書中の預言の章句をよく知っていました。イエスが叫ばれた「わが神、わが神、どうして私をお見捨てになったのですか」という言葉は、有名な詩篇二十二篇、すなわち王なる救い主の十字架と将来の統治を預言する讃美と勝利の詩篇の冒頭の言葉です。

十字架上でのイエスの苦しみは非常に現実的なことでした。主の手を刺し通した釘は、仮に私たちが十字架にかかるとした場合、私たちを痛めるのと同じくらい彼を痛めたのです。しかしイエスはご自分の苦しみがサタンと悪の力の勝利ではなくして、神のご計画の一部であることを知っておられました。その苦しみが全世界の悪を克服する窮極の勝利をもたらすものであることを知っておられました。ですから、イエスはその苦しみを神に感謝されたのです。

「わが神、わが神、どうして私をお見捨てになったのですか」とイエスは叫ばれました。詩篇ではこのあと次のように続きます。「遠く離れてお救いにならないのですか。私のうめきのことばにも。……けれどもあなたは聖であられ、イスラエルの讃美を住まいとしておられます。私たちの先祖は、あなたに信頼しました。彼らは信頼し、あなたは彼らを助け出されました。……しかし私は……人のそしり、民のさげすみです。私を見る者はみな、私をあざけります。彼らは口をとがらせ、頭を振ります。

『主に身を任せよ。彼が助け出したらよい。彼に救い出させよ。彼のお気に入りなのだから』

………………………………

数多い雄牛が、私を取り囲み、バシャンの強いものが、私を囲みました。彼らは私に向かってその口を開きました。引き裂き、ほえたける獅子《しし》のように。私は水のように注ぎ出され、私の骨々はみな、はずれました。私の心は、ろうのようになり、私の内で溶けました。私の舌は、上あごにくっついています。あなたは私を死のちりの上に置かれます。犬どもが私を取りまき、悪者どもの群れが、私を取り巻き、私の手足を引き裂きました。私は、私の骨を、みな数えることができます。彼らは私をながめ、私を見ています。彼らは私の着物を互いに分け合い、私の一つの着物をくじ引きにします。主よ、あなたは遠く離れないでください。私の力よ、急いで私を助けてください。……私は御名を私の兄弟たちに語り告げ、会衆の中であなたを讃美しましょう。主を恐れる人々よ、主を讃美せよ。ヤコブのすべてのすえよ。主をあがめよ。イスラエルのすべてのすえよ。主の前におののけ。まことに主は悩む者の悩みをさげすむことなく、いとうことなく、御顔を隠されもしなかった。むしろ、彼が助けを叫び求めたとき、聞いてくださった。

大会衆の中での私の讃美はあなたから出たものです。私は主を恐れる人々の前で私の誓いを果たします。悩む者は、食べて、満ち足り、主を尋ね求める人々は、主に讃美しましょう。あなたがたの心が、いつまでも生きるように。地の果てもみな、思い起こし、主に帰って来るでしょう。また、国々の民もみな、あなたの御前で伏し拝みましょう。

まことに、王権は主のもの。主は国々を統べ治めておられる。地の裕福な者もみな、食べて、伏し拝み、ちりに下る者もみな、主の御前に、ひれ伏す。おのれのいのちを保つことのできない人も。子孫たちも主に仕え、主のことが、次の世代に語り告げられよう。彼らは来て、主のなされた義を、生まれてくる民に告げ知らせよう」（詩篇二二篇）

詳訳聖書では最後に「完了した」という、イエスが霊をわたして息をひきとられる直前の最後の言葉がつけ加えられています。（ヨハネ一九・三〇）

イエスは、ご自身の人生と死と将来の支配とを驚くべき正確さをもって預言した預言者イザヤにしばしば言及されました。

「しかし、彼は、私たちのそむきの罪のために刺し通され、私たちの咎《とが》のために砕かれた。彼への懲らしめが私たちに平安をもたらし、彼の打ち傷によって、私たちはいやされた。私たちはみな、羊のようにさまよい、おのおの、自分かってな道に向かって行った。しかし、主は、私たちのすべての咎を彼に負わせた。
彼は痛めつけられた。彼は苦しんだが、口を開かない。ほふり場に引かれて行く小羊のように、毛を刈る者の前で黙っている雌羊のように彼は口を開かない。しいたげと、さばきによって、彼は取り去られた。彼の時代の者で、だれが思ったことだろう。彼がわたしの民のそむきの罪のために打たれ、生ける者の地から絶たれたことを。彼の墓は悪者どもとともに設けられ、彼は富む者とともに葬られた。彼は暴虐を行わず、その口に欺きはなかったが。
しかし、彼を砕いて、痛めることは主のみこころであった。もし彼が、自分のいのちを罪過のためのいけにえとするなら、彼は末長く、子孫を見ることができ、主のみこころは彼によって成し遂げられる。彼は自分のいのちの激しい苦しみのあとを見て、満足する。わたしの正しいしもべは、その知識によって多くの人を義とし、彼らの咎を彼がになう。それゆえ、わたしは多くの人々を彼に分け与え、彼は強者たちを分捕り物としてわかちとる。彼が自分のいのちを死に明け渡し、そむいた人たちとともに数えられたからである。彼は多くの人の罪を負い、そむいた人たちのためにとりなしをする」（イザヤ五三・五―一二）
イエスは十字架が神のご計画の妨害ではなくして、その成就であることを知っておられました。しかし、弟子たちはそれを理解しませんでした。彼らは将来に対する自分たちのすべての夢と希望を終わらせるものとしてイエスの十字架を見たのです。彼らはイエスが前もって告げておられた次のみ言葉を思い出さなかったのです。

「あなたがたにも、今は悲しみがあるが、わたしはもう一度あなたがたに会います。そうすれば、あなたがたの心は喜びに満たされます。そして、その喜びをあなたがたから奪い去る者はありません」(ヨハネ一六・二二)

弟子たちは再びイエスに会うことを楽しみにしてはいませんでした。そして、主がもはや墓の中におられないと聞いた時、彼らは死体が盗まれたのだと思ったのです。

その日おそく、二人の弟子がエルサレムからエマオへ向かう道を歩いていました。彼らはイエスの死について語り合っていましたが、その時突然、イエスご自身が来られ、彼らと並んでともに歩かれました。しかし、彼らはそれをイエスだとは分かりませんでした。イエスは彼らの悲しげな顔を見て言われました。

「何をそんなに心配しているのですか」

「知らないんですか。先週エルサレムで起こったあの大変な事を聞いていないのは、あなたくらいのものですよ」とクレパという人が答えました。

彼らがその悲しい話、つまりナザレのイエスは偉大な奇跡をいろいろ行われた。そのため、彼らはこの方こそイスラエルを救うために来られた救い主に違いないと確信していた。ところが、彼は宗教界の指導者たちによってローマの政府に引き渡され、十字架につけられた、という話をしている間、彼は耳を傾けておられました。彼らは世界最大の悲劇を今、目撃したばかりなのだ、と言わんばかりに語りました。彼らはさらに続けて、その上、イエスの死体が墓からなくなっていて、天使がある婦人たちにイエスは生きておられると告げたらしい、と話しました。彼らの口調は、この最後の部分はおとぎ話のようなものだと思っている様子でした。

「するとイエスは言われた。『ああ、愚かな人たち。預言者たちの言ったすべてを信じない、心の鈍い人たち。キリストは、必ず、そのような苦しみを受けて、それから、彼の栄光にはいるはずではなかったのですか』それから、イエスは、モーセおよびすべての預言者から始めて、聖書全体の中で、ご自分について書いてある事がらを彼らに説き明かされた」（ルカ二四・二五―二七）

この時までに、彼らはエマオの近くまで来ていました。そして、夜も遅くなってきますので、二人はその見知らぬ人に、自分たちと一緒に夜を過ごすようにとすすめました。彼らはまだその人がイエスだとはわかっていなかったのです！

イエスは彼らとともに家に入り、そして、「彼らとともに食卓に着かれると、イエスはパンを取って祝福し、裂いて彼らに渡された。それで、彼らの目が開かれ、イエスだとわかった」のです。（ルカ二四・三〇―三一）

ついに彼らは信じました。しかし、こんなにも長い間、彼らはただ外側の状況を見るだけで、神の完全なご計画が実現しつつあることを少しも見ることができなかったのです。弟子たちは自分たちの指導者が十字架につけられたのを見ました。悪が善に表面的に打ち勝つのを見たのです。そして彼らはそれを神が彼らとともにおられない証拠であると受け取りました。しかし、もし彼らが預言者たちを通して語られた神の言葉を信じていたなら、その同じ状況を、神が彼らとともにおられ、ご計画を実現しておられる証拠であると受け取ったことでしょう。

私たちもまたこの弟子たちに似ています。試練や悲しみがやってくる時、私たちの最初の反応は「ああ神さま、どうして私をお見捨てになったのですか」という叫びです。

しかし、イエスは言われました。「あなたがたは、世にあっては患難があります。しかし勇敢でありなさい。わたしはすでに世に勝ったのです」(ヨハネ一六・三三)

もし私たちがイエスの言葉を本当に信じるなら、今おかれている境遇を、神が私たちとともにおられる証拠として見なすことでしょう。そして不平やつぶやきでなく、その境遇を神に感謝し、神を讃美することでしょう。

私たちは今日の世界の状態をみて、首を振って言います。「近頃、神はあまり大した事をしておられないという証拠がたくさんあるのではないか」と。

しかし、イエスは弟子たちに、戦争や地震や、ききん、暴動、伝染病、汚染、性の解放などがいずれ起こることを告げられました。そして、これは現在私たちが住んでいるこの世界の様相そのものであり、さらに世界がもっと悪くなることの預言でもあります。

イエスは、「これらのことが起こり始めたなら、からだをまっすぐにし、頭を北に上げなさい。贖《あがな》いが近づいたのです」と言われました。（ルカ二一・二八）

私たちの今日の世界で事態がいよいよ悪くなる時、それは神が不在であるとか無関心の態度をとっておられるという証拠ではなく、むしろその正反対なのです。すべてこれらの兆候はみ言葉が私たちに約束しているように、神が非常に近くおられる証拠であり、また神のご計画と目的のあらゆる部分が実現されつつある証拠なのです。

イエスは弟子たちにご自身の十字架をともに喜ぶようにと教えられました。彼らがイエスの言葉を信じることができたなら、悲しみの代わりによろこびを経験することができたはずです。神のみ言葉は試練を喜ぶようにと教えています。

ペテロは書いています、「あなたがたはイエス・キリストを見たことはないけれども愛しており、いま見てはいないけれども信じており、ことばに尽くすことのできない、栄えに満ちた喜びにおどっています」（Ⅰペテロ一・八）

そこであなたは何を信じますか。エマオに向かって歩いていた二人の人のように、外側の目に見える状況を悲しみ、それに心を奪われ、神は遠いと思い込んで道を進んでいかれますか。それとも目を開かれ、常に感謝して進みますか。

イエスがあなたに差し出しておられるパンを、み言葉を、命を、平安を、喜びを受け取ってください。イエスがあなたとともにおられることを、また神があなたの生涯のあらゆる状況の中であなたの必要を満たすために働いておられることを分かってください。

神がおられないことを示す悲しい証拠であると思えるまさにその事こそ、実はあなたをご自分の方へ引き寄せ、あなたを喜びで満たすための、愛に満ちた神のご計画に外なりません。上を仰いで主を讃美しましょう。主はあなたを愛しておられます。主はご自身の民の讃美の中に住まわれるお方です。

「正しい者たち。主にあって、喜び歌え。
讃美は心の直《す》ぐな人たちにふさわしい。
立琴をもって主に感謝せよ。
十弦の琴をもって、ほめ歌を歌え。
新しい歌を主に向かって歌え。
喜びの叫びとともに、巧みに弦をかき鳴らせ。

まことに、主のことばは正しく、
そのわざはことごとく真実である。
主は正義と公正を愛される。
地は主の恵みに満ちている。

主のことばによって、天は造られた。
天の万象もすべて、御口のいぶきによって。
主は海の水をせきのように集め、
深い水を倉に収められる。
全地よ、主を恐れよ。
世界に住む者よ、みな、主の前におののけ。

まことに、主が仰せられると、そのようになり、
主が命じられると、それは堅く立つ。
主は国々のはかりごとを無効にし、
国々の民の計画をむなしくされる。

主のはかりごとはとこしえに立ち、
御心の計画は代々に至る。
幸いなことよ。
主をおのれの神とする、その国は。
神が、ご自身のものとしてお選びになった、
その民は。

主は天から目を注ぎ、
人の子らを残らずご覧になる。
御住まいの所から
地に住むすべての者に目を注がれる。
主は、彼らの心をそれぞれみな造り、
彼らのわざのすべてを読み取る方。
王は軍勢の多いことによっては救われない。
勇者は力の強いことによっては救い出されない。
軍馬も勝利の頼みにはならない。

その大きな力も救いにならない。
見よ。主の目は主を恐れる者に注がれる。
その恵みを待ち望む者に。
彼らのたましいを死から救い出し、
ききんのときにも
彼らを生きながらえさせるために。
私たちのたましいは主を待ち望む。
主は、われらの助け、われらの盾。
まことに私たちの心は主を喜ぶ。
私たちは、聖なる御名に信頼している。
主よ、あなたの恵みが私たちの上にありますように。
私たちがあなたを待ち望んだときに」
（詩篇三三篇）

訳者あとがき

M・キャロザース著「讃美の力」(Power in Praise) の日本語訳を紹介できますことを感謝します。

本書は「獄中からの讃美」(Prison to Praise) の著者による第二弾です。これらの二つの本は今、米国で信仰書のベスト・テンに入っており、数百万部の発行部数を数えているようです。

本書を読まれた方々は、ここに古くして新しい聖書の真理、つまりすべての事について感謝するという単純な信仰の真理に目が開かれると思います。この単純な真理を小さなことから、さらに全生活領域に徹底させていく時、そこに主が介入して来られ画期的な変革、奇跡的な神の力を体験されるでしょう。

私たちはここに聖書の「信仰」ということの何たるかを知るわけです。神の力を体験していく道、それはだれにでもできる単純な道であり、またたれにでも困難な狭き道なのです。そして、行き着く先は主からの祝福と勝利であることを、もう、すでに多くの信仰の先輩達が体験によって学んでいます。

訳者あとがき

本書の日本語訳の出版に当たりまして、いろいろな方々に献身的なご協力と奉仕をしていただきました。特に名城大学の馬場俊彦先生をはじめ二、三の方々に大変お世話になりました。この場をおかりして心からお礼申し上げます。また、表紙デザインのために小牧福音教会の和田浩兵牧師が労を取って下さいました。

印刷出版のために大阪、インマヌエル社、藤原儀春氏の献身的なご協力がありましたこともここに感謝をもって附記させていただきます。

最後に、訳者の未熟さのため、翻訳に不十分な点もあると思います。大方のご批判、ご助言などいただければ幸いです。また、本書を読まれてのご感想、ご意見などいただければ幸いです。

昭和五十年五月

浜崎英一
〒520-0812 大津市木下町九―五
大津バプテスト教会内

讃美の力

1975年6月15日　初版発行
2024年9月1日　第26刷

著　者　マーリン・キャロザース
翻訳者　浜　崎　英　一
発行所　ゴスペル・ライト出版
（合資会社ゴスペル・ライト・ストア）
〒594-0031 大阪府和泉市伏屋町 4-3-82
TEL&FAX 0725-56-7276
E-mail：info@gospel-light.info
Website：https://www.gospel-light.info/

印刷所　(宗)ニューライフ・ミニストリーズ 新生宣教団
〒350-0303 埼玉県比企郡鳩山町熊井 170

落丁・乱丁の際はお取り替えいたします。
ISBN978-4-911041-08-6